D1752722

Südtiroler Wein
Genuß und Kultur

Christoph Mayr

Südtiroler Wein
Genuß und Kultur

Lebensbild einer Gabe Gottes

VERLAGSANSTALT ATHESIA · BOZEN

Umschlagbilder:
Schrambach bei Feldthurns im Eisacktal
Geschnitzte Weinfässer in der Kellerei Wilhelm Walch, Tramin
Sankt-Urban-Statue im Südtiroler Weinmuseum, Kaltern

Der Verfasser dankt dem Önologen
Stefan Filippi, Kellerei Sankt Magdalena, Bozen,
für den fachmännischen Beistand.

2001
Alle Rechte vorbehalten
© by Verlagsanstalt Athesia Ges.m.b.H., Bozen
Umschlaggestaltung: Athesiagrafik
Gesamtherstellung: Athesiadruck, Bozen

ISBN 88-8266-058-3

www.athesia.it/buchverlag
buchverlag@athesia.it

VORWORT

Der Wein erfreut des Menschen Herz ist ein weiser Spruch, dem nichts hinzuzufügen ist, höchstens die Präzisierung ein *guter* Wein. In Südtirol gedeiht jedenfalls ein guter Wein, und diesem ist das vorliegende Bändchen gewidmet. Ob es sich dabei um eine gepflegte Spitzensorte oder um einen gesunden Bauernwein handelt, ist nicht von so großer Bedeutung. Ausschlaggebend ist, daß die Trauben gut herangereift sind und daß im Keller Sachverstand und Qualitätsbewußtsein Pate gestanden haben.

Erfreut man sich eines guten Weines, denkt man wohl kaum an seine uralte Entwicklungsgeschichte oder an den mühsamen, sorgenvollen Weg, den der Weinbauer zurücklegen muß, ehe sein Produkt ausgereift im Glase funkelt. Dieses Bewußtsein allen Freunden eines guten Tropfens etwas näherzubringen, ist das Hauptanliegen des Autors und der eigentliche Zweck dieses Buches. Wenn es dazu noch gelingen sollte, dem Südtiroler Wein neue Freunde zuzuführen, dann hat sich die Mühe reichlich gelohnt.

Christoph Mayr

Bozen, im Herbst 2000

KLEINE KULTURGESCHICHTE DES WEINES

Will man nicht in Vater Noah den Ahnherrn des Weines sehen, so darf man den Ursprung des Weinbaues in den Flußtälern Vorderasiens vermuten, wo wilde Reben sich um Sträucher und Bäume rankten. Eines Tags wird man entdeckt haben, was der in Gärung übergegangene Saft der reifen Beeren so in sich hat. Die Bereitung von Wein war jedenfalls bei den Assyrern und Ägyptern schon um 3500 vor Christus bekannt. Im Hügelland von Damaskus wurde sogar eine Traubenpresse gefunden, die von Archäologen auf etwa achttausend Jahre datiert wurde. Die Wiege der abendländischen Weinkultur stand jedenfalls in Griechenland, erst später hatten die Römer die Führungsrolle übernommen und den Weinbau zu hoher Blüte gebracht.

Hochzüchtungen der Wildrebe, die den Beginn der eigentlichen Weinkultur einleiteten, kamen vermutlich vor rund dreitausend Jahren ins Etschtal. So wurde hier bereits in vorrömischer Zeit Weinbau betrieben. Der vielgerühmte »Rätische Wein« dürfte allerdings aus anderen Gebieten Oberitaliens gestammt haben.

Die ins Land gezogenen Römer gaben dem Weinbau neue Impulse, und ihre große Erfahrung auf diesem Gebiet konnte gut verwertet werden. Nicht nur der Weinbau selbst erforderte neues Wissen, auch die Lagerung des Weines und sein Ausschank waren noch mit Problemen behaftet. Vor allem im römischen Siedlungsraum kam es zu tödlichen Massenvergiftungen, deren Ursachen gerne den politischen und gesellschaftlichen Gegnern zugeschrieben wurden, aber vermutlich an den verseuchten Gefäßen lagen. Sie waren vielfach bleihältig und bildeten zusammen mit den im Wein enthaltenen Säuren toxische Verbindungen. Schädlich war auch die Beimengung von Bleisalzen, mit denen man Fehlgärungen und Pilzinfektionen im Wein verhüten wollte.[1] Um den Wein haltbar zu machen, verwendete man häufig Pech, womit auch die Fässer gereinigt wurden. Zur Haltbarmachung der griechischen Landweine verwendet man heute noch das Harz der Aleppo-Kiefer, das vor der Gärung der Maische zugesetzt wird. Der Rezinawein ist zu einem Markenzeichen Griechenlands geworden.

In frührömischer Zeit war der Weinbau den Leuten mit römischem Bürgerrecht vorbehalten, erst Kaiser Probius (276–282 n. Chr.) hob diese Schutzmaßnahme zugunsten der süd- und mittelitalischen Weinhändler auf. Per Dekret wurde der Weinbau wieder allen Bewohnern des ganzen Römischen Reiches erlaubt.[2]

Würde man heute einen Wein der damaligen Zeit verkosten, wäre man von dem »guten Tropfen« wahrscheinlich sehr enttäuscht. Zu sehr hat sich das Geschmacksempfinden im Laufe der Zeit geändert, auch wurde dem Wein alles mögliche beigemengt, um ihn haltbar und »genießbar« zu machen. Der Gaumen war damals gewiß nicht so verwöhnt wie heute. Oswald von Wolkenstein stellte da schon höhere Ansprüche. Den ihm 1415 in Überlingen am Bodensee kredenzten Wein verurteilte er scharf und setzte gleichzeitig dem Weinort Tramin in seiner Heimat ein Denkmal.

> *… Und euer Wein ein Schlehentrank,*
> *der rauhet mir die Kehle krank,*
> *daß sich verirrt mein hells Gesank,*
> *dick gen Tramin steht mein Gedank.*

Im Mittelalter haben dann Mönche den Weinbau verbessert und intensiviert. Zur Zeit Karls des Großen entfaltete sich der Weinbau zu einem bedeutenden Wirtschaftszweig. Viele Bistümer und Stifte, besonders aus dem süddeutschen Raum, erwarben in Südtirol Weinhöfe, um ihren Bedarf zu decken, vorab das Bistum Freising. Im Namen dieses Hochstiftes erwarb um 720 der heilige Korbinian in Kuens und Kortsch Gründe zur Anpflanzung von Reben. Bald aber konnten die Freisinger in Gries bei Bozen wertvollere Grundstücke kaufen und dort einen großen Keller errichten, nach dem die Ortschaft Gries bis ins 15. Jahrhundert hinein »Keller« genannt wurde.[3] Heute noch erinnert der stattliche Freisinger Hof zwischen Tramin und Kurtatsch an die Zeit, in der das bayerische Bistum die Südtiroler Weinwirtschaft mitbestimmte. Die Bewirtschaftung der größeren Weingüter stand unter der Kontrolle der Klöster, die auch einen eigenen Verwalter bestellten; zur Weinlese erschien der Abt selbst oder ein Stellvertreter.[4] Der Weinkonsum in den Klöstern war beachtlich. So unternahm man im oberbayerischen Prämonstratenserstift Steingaden noch Mitte des 18. Jahrhunderts große Anstrengungen, den Weinverbrauch zu reduzieren. Es wurde immer wieder *feyerlich gelobt, sich am Tische mit einem Achtel Wein und einem Quart ab der Mittagszeit begnügen zu wollen.* Wie man sich auch bemühte, am Ende des Jahres ergab sich wieder ein Konsum von 350 bis 380 Liter pro Chorherrn.[5] Kein Wunder, daß der Vorrat nie reichte. Aber auch auf weltlicher Seite war man bemüht, dem Alkoholmißbrauch entgegenzuwirken. Alphons von Kastilien stiftete 1260 den ersten Mäßigkeitsorden, dem noch andere folgen sollten – mit unterschiedlicher Zielsetzung. Entgegenkommend war der Mäßigkeitsorden des Landgrafen Moritz von Hessen. Die Mitglieder durften täglich vierzehn Ordensbecher Wein trinken, von denen einer von gewürztem oder gebranntem Wein sein durfte.[6]

Ein leichter Wein mag auch für den einfachen Mann erschwinglich gewesen sein; sonst aber war er ein ausgesprochenes Luxusgetränk, das sich nur die gehobene Gesellschaftsklasse leisten konnte, von den privilegierten Klostergemeinschaften einmal abgesehen. Aufschlußreich ist in diesem Zusammenhang ein Vergleich der Weinkosten mit dem Einkommen eines Arbeiters, wie er im Benediktinerkloster Benediktbeuern angestellt wurde: Der Tageslohn eines Maurermeisters, der immerhin einen gut besoldeten Berufszweig darstellte, hatte in Bayern einen Gegenwert von 1,3 Liter Wein; in Tirol, das ein höheres Lohnniveau aufwies, mit 1,7 Liter etwas mehr.[7]

Das 17. Jahrhundert war gekennzeichnet von einem zähen Kampf zur Reduzierung der Weinzölle und Taxen, die eine kaum tragbare Belastung darstellten. Mit dem Ausbau der Verkehrswege war der einheimische Markt einer starken Konkurrenz ausgesetzt. Absatzprobleme, Naturkatastrophen und die ab der Mitte des 19. Jahrhunderts hereinbrechende Schädlingsplage ungeahnten Ausmaßes (Reblaus, Mehltau, Peronospora) stellten die Südtiroler Weinwirtschaft auf eine harte Probe. In dieser schweren Zeit war man auf Selbsthilfe angewiesen, die unter anderem im Jahre 1893 in Andrian und Terlan zur Gründung der ersten Kellereigenossenschaften führte. Die 1874 in San Michele an der Etsch gegründete Landwirtschaftliche Landeslehranstalt und Versuchsstation vermittelte den Landwirten das geistige Rüstzeug, um den Anforderungen gewachsen zu sein, die sich deutlich abzeichneten. Hier erhielt auch die neue Kellermeistergeneration eine gründliche Ausbildung.

GESEGNETE WEINE

Nach heidnischem Brauch wurde bei den Opfermahlzeiten den Göttern ein Trunk gewidmet, eine Gepflogenheit, die sich noch auf die christliche Zeit übertrug. Da die Kirche eine Huldigung der Götter nicht gutheißen konnte, hatten die ersten christlichen Glaubensboten die Heiden angeleitet, statt den Göttern den Engeln und Heiligen den Trunk zu weihen. Dazu wurden einige volksnahe Heilige bestimmt, und es entstanden im Laufe der Zeit die Michaels-, Martins-, Gertruden-, Benedikts-, Ulrichs-, Bernhards-, Stefans-, Sebastians- und Johannesminnen. Diese Opfer sind offenbar gerne und ausgiebig dargebracht worden, denn Bischof Cäsar von Arles, der Anfang des sechsten Jahrhunderts gelebt hat, warnte die Franken, nicht übermäßig zu sein unter dem Vorwand, den Engeln und Heiligen zuzutrinken.[8]

Etwas Besonderes war der Reliquienwein, der allerdings in manchen Fällen zu einem übertriebenen Kult führte und vielfach Anstoß erregte. Zu diesen Bräuchen zählte das Minnetrinken aus Kopfreliquien, wie es bis 1910 im Benediktinerstift Ebersberg bei München noch üblich war. Die Gläubigen konnten den Wein mit einem silbernen Röhrchen aus einer Hälfte der versilberten Hirnschale des heiligen Sebastian trinken.[9]

Bis vor wenigen Jahren hat sich im Klarissenkloster zu Brixen noch die Sebastiansminne lebendig erhalten. In den am Gedenktag (20. Jänner) geweihten und den Ordensschwestern gereichten Sebastianswein wurde eine Reliquie des Heiligen und ein Silberpfeil eingetaucht. Mag sein, daß bei der Aufgabe dieses alten Brauches auch hygienische Bedenken mitbestimmend waren. Heute kennt man in unserem Lande nur mehr die Johannesminne, die vor allem bei Hochzeiten vom Priester den Brautleuten gereicht wird. Ansonsten wird am 27. Dezember, dem Tag des Evangelisten Johannes – etwas despektierlich, aber wohlmeinend »Weinhansl« genannt –, der Wein zum Segnen in die Kirche gebracht und in der Familie zu Mittag getrunken. In früheren Zeiten wurde er auch in Gasthäusern den Stammgästen angeboten. Johannessegen hieß auch der Brauch, bei welchem man eine kleine Menge dieses Weines in die Fässer goß, um dadurch ihren Inhalt zu segnen und zu schützen.[10] Der Johanneswein wird auch mit der Legende um den

Giftbecher in Zusammenhang gebracht. Als Johannes einmal in Kleinasien predigte, trat der heidnische Priester Aristodemus heran und versprach, an den Christengott zu glauben, wenn er, Johannes, bereit sei, einen Giftbecher leerzutrinken. Zwei verurteilte Mörder ließ er davon trinken; sie starben auf der Stelle. Johannes segnete den Becher mit einem Kreuzzeichen und trank ihn leer, blieb aber gesund. Der heidnische Priester glaubte aber erst, als Johannes die beiden Toten wieder zum Leben erweckte, was dann auch geschah.[11]

Der Wein durfte auch bei der Agape, dem Liebesmahl der frühchristlichen Gemeinde, nicht fehlen. Agapen sind auch heute noch an bestimmten Tagen (z. B. Gründonnerstag) und zu besonderen Anlässen (in der Vorbereitung auf die Erstkommunion) üblich. Es sind geistlich geprägte und karitativ motivierte Mahlfeiern. Wie es scheint, kam die karitative Absicht nicht immer zum Tragen, denn der lateinische Schriftsteller Tertullianus (160–225 n. Chr.) vermerkte vielsagend: *... so wird jeder aufgefordert, nach dem Mahle vorzutreten und Gott Lob zu singen; damit wird geprüft, in welcher Weise er getrunken hat.*[12]

Die wohl größte Ehre wird dem Wein in der Eucharistiefeier zuteil. Nach alter Vorschrift mußte die Naturreinheit des Meßweins garantiert und der gute Leumund des Lieferanten gesichert sein. Der Wein durfte aus nichts anderem als aus dem Saft der Trauben bestehen. Darauf wurden früher die Lieferanten eingeschworen. Heute wird mehr Vertrauen geschenkt, denn auf diesen Akt der Selbstverpfändung wird nunmehr verzichtet. Im Codex des Kanonischen Rechts heißt es nur mehr: *Der Wein muß naturrein und aus Weintrauben gewonnen werden und darf nicht verdorben sein.* Bei der heiligen Messe wird Weißwein verwendet, obwohl anzunehmen ist, daß beim Letzten Abendmahl roter Wein gereicht wurde. Weißwein wird wohl auch aus praktischen Gründen verwendet, da er keine Flecken macht. Bei der Gabenbereitung wird dem Meßwein ein wenig Wasser beigefügt, eine Handlung, in der sich so mancher Gastwirt bestätigt gefühlt haben dürfte. Als Ministrant darf man dem Zelebranten Wein und Wasser reichen und kann so feststellen, welchen Wert der Priester auf den morgendlichen Trunk legt. Manche heben schon nach einigen Tropfen Wein den Kelch, andere wiederum lassen sich mit dieser abwehrenden Bewegung etwas mehr Zeit.

Die Beauftragung zur Lieferung von Meßwein war für den Weinbauern eine große Ehre. Der Klinglerbauer im Eisacktal hat über vierzig Jahre den Pfarrer von Villanders mit bestem Meßwein beliefert. Kaum ein anderer dürfte dieses Ehrenamt mit solcher Gewissenhaftigkeit ausgeübt haben. Beim Wimmen wachte er mit Argusaugen, daß ja nichts Unrechtes in die Praschglet kam, und vorsorglich deckte er das Geschirr gleich zu, in das die Trauben geschüttet wurden. Fielen gar ein paar Regentropfen, wurde das Wimmen sofort abgebrochen. Jahr für Jahr stellte der Klinglerbauer ein Faß mit dem kostbaren Meßwein und eines mit Rotwein für den pfarreilichen Hausgebrauch in den gewölbten Keller des alten Villanderer Widums.[13] Dem Pfarrer oblag die Pflege und Verwaltung des Weines, es galt nicht nur die Qualität zu bewahren, sondern auch darauf zu achten, daß kein ungebührlicher Schluck an der heiligen Handlung vorbeiführte.

Lavabo-Garnitur der Familie von Peisser, Mitte 18. Jahrhundert, in der Kirche von Tils/Brixen

12

WEIN UND REBE IM ZEICHEN DER KUNST

Traube und Rebstock haben schon in der antiken Darstellungskunst eine wichtige Rolle gespielt. Als Symbole der Fruchtbarkeit und des Lebens ist diesen Sinnbildern in der christlichen Kunst eine noch größere Bedeutung zugekommen. In fast allen Kirchen unseres Landes sind Wahrzeichen des Rebstockes in irgendeiner Form vertreten.

Zu den ältesten Darstellungen der Weintraube zählen in Südtirol die romanischen Steinreliefs in der Krypta der Stiftskirche von Innichen. Das schon in vorrömischer Zeit bekannte Rebmesser ist zu einem oft verwendeten Motiv der profanen Kunst geworden. Ein schönes Kunstwerk, das auf den Weinbau hinweist, ist die heute im Bozner Stadtmuseum verwahrte Skulptur »Maria und das Christkind mit der Traube« (um 1460). Ein hervorragendes Jugendwerk Michael Pachers (um 1462) stellt die »Traubenmadonna« vom ehemaligen Flügelaltar der Pfarrkirche von Sankt Lorenzen dar. Der kleine Heiland hält eine Traubenbeere in der Hand und reicht sie in kindlicher Anmut seiner Mutter.

Im Erkervorbau des Ansitzes Freienfeld in Kurtatsch befindet sich eine Loggia mit schöner Rankenmalerei aus dem 16. Jahrhundert. Dieser reizvolle Raum wird allgemein als »Trinkstube« bezeichnet. Eine besonders schöne Anwendung fanden die Trauben im Rahmen des von Paul Troger 1722 geschaffenen Hochaltarbildes in der Kapelle auf dem Kalvarienberg in Kaltern. In vielen Kirchen und Kapellen und in unseren Museen findet man eine Darstellung des heiligen Urban, des volkstümlichen Weinheiligen. Erwähnenswert das schöne Glasfenster mit dem heiligen Urban (1575) in der Alten Pfarrkirche zu Niederlana und die Urbanstatue am Hochaltar des Überetscher Weindorfes Missian.

Eigenartig sind die Darstellungen von »Christus in der Kelter«. Sie zeigen den Heiland wie er vom Preßbalken der Torggel erdrückt wird und wie sein Blut in den Kelch fließt. Unter dem Einfluß der mittelalterlichen Mystik formte sich die Auffassung der Kelter (Torggelpresse) als Opferaltar aus. So findet die Erlösung der sündigen Menschheit durch das Blut Christi im Kelterbild einen kaum mehr zu steigernden symbolischen Ausdruck.[14]

Maria und das Christkind mit der Traube, um 1460

WEINBERG, REBSTOCK UND PERGELGERÜST

Kein anderes Nutzgewächs wurde von alters her so sehr verehrt, wie die Weinrebe. In Gleichnissen und Aussprüchen wird sie in der Bibel erwähnt, und die größten Dichter haben den Rebstock besungen. Im Frühjahr verkündet das Leuchten der jungen Triebe neues Leben, im Sommer breitet die Rebe das schön geformte Laub aus, um den Trauben Schutz und Nahrung zu geben; abgeerntet verabschiedet sich der Rebstock im goldenen Gewande. *Praedium primum quod est? Scilicet vinea mea!* meint Cato der Alte. Welches ist mein wichtigstes Gut? Selbstverständlich der Weinberg!

Die alte Hausrebe in Margreid wurde nach einer Inschrift am Kragstein im Jahre 1601 gepfropft.

Klima und Boden bestimmen die Qualität des Weines

Neben der Beschaffenheit des Bodens ist es vor allem das Klima, das die Qualität und den Charakter des Weines bestimmt. Die Besonderheit der Südtiroler Weine ist auf die geologische Vielfalt der Böden und auf die unterschiedlichen Klimainseln zurückzuführen. Das Klima ist von mediterraner Warmluftzufuhr begünstigt, steht aber auch unter alpinen Einflüssen. In kaum einem anderen Weinbaugebiet herrschen deshalb so unterschiedliche Wachstumsbedingungen. Der Anbau reicht von 200 bis 700 Höhenmeter. In den kühleren Höhenlagen wachsen elegant-fruchtige Weißweine; den Kalterer See und das Magdalenagebiet zeichnen wieder ausgeprägte Warmzonen aus, welche die höchsten Werte Italiens erreichen. Einzigartig sind auch die großen Temperaturunterschiede zwischen Tag und Nacht, die besonders in der Reifephase wichtig zur Bildung von Fruchtaroma sind.

Die unterschiedliche geologische Zusammensetzung der Böden ist ein weiterer Umstand, dem Südtirol die Güte und Sortenvielfalt seiner Weine verdankt. In der Umgebung von Brixen, im Norden von Meran und im Vinschgau herrscht verwittertes Urgestein vor, im unteren Eisacktal, im Bozner Raum und östlich der Etsch bis Salurn ist neben Kalk hauptsächlich Porphyr vertreten. Die berühmten Leiten des Magdalenagebietes sind auf Gletschergeschiebe und Flußablagerungen gebaut. Von den leichten Sandböden bis zu den tonhaltigen schweren Böden ist somit alles vertreten.

Die geologischen Verhältnisse des Bodens sind jedenfalls für die Qualität des Weines ausschlaggebend. Dessen war sich auch ein Marmorhändler bewußt, der bei der Marmorbeschaffung eigene Wege beschritt. Anstatt in den Marmorgebieten von einem Bruch zum anderen zu gehen, um die beste Qualität zu erkunden, ging er von einem Gasthaus zum anderen. Wo der Wein am besten schmeckte, ließ er sich den Ort seines Ursprungs zeigen und deckte dann beim dortigen Steinbruch seinen Bedarf. Er zog somit einen Rückschluß auf die Beschaffenheit des Marmors, der die Wärme am besten speichert und somit der Rebe die meiste Kraft gibt. Auch in Ulten wurde einst Marmor abgebaut, da ein sich über das Martelltal erstreckender Gang des Laaser Marmors bis in die Nähe von Sankt Walburg reicht. Trotz der für den Weinbau ungewöhnlichen Lage – sie reicht an die

Im Boden eines Weinberges in Sankt Justina bei Bozen erkennt man die meterhohen, aus feinstem Sand bestehenden Sedimente eines in der Glazialperiode vom Eisack aufgestauten Seebeckens.

1300 Meter – gedieh dort ein Weißwein. In Burgund konnte man beobachten, wie im Herbst zur Spätlese riesige Porphyrplatten herangeschafft und auf den Boden gelegt wurden, um durch die Widerhitze der Steine dem Reifeprozeß der Trauben noch einen letzten Schub zu geben.[15]

Ausdauernd und genügsam wächst die Weinrebe auch im trockenen Gelände, da ihre tief greifenden Wurzeln die notwendige Feuchtigkeit aus dem Boden holen. Bei aller Genügsamkeit verlangt die Rebe – soll sie reiche Frucht tragen – aber ausreichende Feuchtigkeit und eine gute Pflege.

Ausgangspunkt eines Rebstockes ist der Setzling, das »Rasl«. Auf einer gegen die Reblaus immunen Unterlagsrebe, die wir – neben der Reblaus selbst – den Amerikanern verdanken, wird in der Rebschule ein kleines Stück eines Edelreises eingesetzt. Im ersten Jahr wächst ein Trieb, der die

Grundlage für den sich entwickelnden Rebstock bildet, im zweiten Jahr trägt die Rebe schon einige Früchte, und für das dritte Jahr ist bereits ein guter Ertrag zu erwarten.

Die »Augen« bilden den ersten Entwicklungsstand einer neuen, früchtetragenden Rebe. Daraus entwickeln sich im Frühjahr die jungen Triebe, die »Garzen«, die schon bald Blütenansätze, sogenannte Gescheine, zeigen. Nach der Blüte wachsen die Triebe sehr stark, und die sich gleichzeitig heranbildenden Haftranken, »Madroaln«, geben dem jungen Rebast einen unverrückbaren Halt.

Das Rebgerüst weist verschiedene Formen auf, die der örtlichen Tradition entsprechen und den klimatischen Verhältnissen entgegenkommen. Die für Südtirol charakteristische Pergelform ist die Dachlaube. Früher bestand das ganze Pergelgerüst aus Holz, bis die Dachlatten von den Drähten ersetzt wurden.

Die geschlossene Doppelpergel hat in der Mitte einen First, und die Flügel sind schräg nach unten gerichtet. Bei der offenen Doppelpergel ist die Pergelmitte vertieft und die Flügel zeigen nach oben. Die größte Pergel

Im Vinschgau ist noch vereinzelt die alte Kultur des Holzpergelbaues erhalten.

Typische Eisacktaler Ackerpergel im Lajener Ried

ist der »Bogen«, der sich über einen Weg oder Durchgang spannt. Wer im Herbst durch einen reich behangenen »Bogen« schreitet, dem offenbart sich der reiche Segen der Weinrebe am eindrucksvollsten. Ein schönes Bild ausgewogener Mischkultur bieten die Eisacktaler Ackerpergeln, die in Einzelreihen Äcker und Wege umsäumen oder frei im Felde stehen.

Ein geschlossener Bestand von Weinpergeln wird im Bozner Gebiet als »Stoaß« bezeichnet; im Vinschgau, Burggrafenamt und teilweise im Eisacktal wird eine kleine Weinbergterrasse »Stöl« genannt; ein abgetrenntes Stück wird als »Schroat« bezeichnet. Im Anbaugebiet um Klausen wird ein zusammenhängender Rebbestand »Dörfl« genannt.

Nach einem uralten, in Südtirol besonders verbreiteten Brauch steht im begünstigten Klimabereich fast vor jedem Bauernhaus eine Hausrebe. Man pflanzte sie früher am Tage der Hochzeit oder beim Einstand eines Stammhalters. Solche Reben können ein sehr hohes Alter erreichen, wie die auf fünfhundert Jahre geschätzte Riesenrebe von Schloß Katzenzungen in Prissian.

In der Brixner Umgebung sind die Stockreben vorherrschend. Mancherorts hat der Drahtrahmen die klassische Pergel verdrängt, denn diese von Frankreich übernommene Ziehform bietet einen reicheren Ertrag und eine einfachere Bearbeitung. Allerdings eignet sie sich nicht für alle Rebsorten und nicht für jedes Gelände.

Eine wahrlich tragende Rolle spielen die Pergelsäulen, die aus einem widerstandsfähigen Holz sein müssen, wie Kastanien, Flaumeichen, Buchen und Akazien. Die praktischen, aber schmucklosen Betonsäulen haben inzwischen allerdings die altvertrauten Holzpfähle weitgehend verdrängt. Es ist aber ein erfreuliches Zeichen, wenn Biobauern zur alten Tradition zurückfinden und ihre Weingärten wieder mit Holzsäulen bestücken.

Wie Spargel stehen hier die Pergelsäulen und warten, bis sie in die Erde getrieben werden.

DIE ARBEIT IM WEINBERG

In früheren Zeiten richtete sich alle Arbeit nach den Regeln des Bauernkalenders, man beachtete die Mondphasen und die »verworfenen Tage«. An diesen »Schwendtagen« durfte man weder eine neue Arbeit beginnen noch sonst wichtige Dinge in Angriff nehmen. Als »dies atri« waren sie schon den Römern bekannt. Heute richtet man sich nach dem Gebot der Stunde.

Erste Voraussetzung für den Weinbau ist ein aufbereiteter Boden. Man spricht von einem »Raut«, wenn ein Rebbestand erneuert oder ein Stück Brachland in einen Weinberg umgearbeitet wird. Das Rauten erfolgt im Winter und war vor dem Einsatz der Bagger eine harte Arbeit. Zuvor gilt es, die Mauern zu überprüfen und notfalls neu zu errichten. Die Erhaltung der vielen Trockenmauern ist übrigens keine leichte Aufgabe. Mit Sorge sieht der Bauer, wenn sich eine zu wölben beginnt und in absehbarer Zeit einzustürzen droht. Die ist »tragig«, meint er, und im Winter, in der ruhigen Zeit, wird er sich ihrer annehmen müssen. Nach einem lang anhaltenden Regen ist die Einsturzgefahr besonders groß. Nachts hat der Verfasser selbst das dumpfe Grollen vernommen, wenn wieder einmal eine Mauer in der Nähe des Hofes »gegangen« ist. Zum Aufstellen einer Mauer wird selten ein Berufsmaurer herangezogen, meist besorgen dies die Bauern selbst, denn im Laufe der Zeit haben sie sich die notwendigen Kenntnisse angeeignet. Es wird da behutsam vorgegangen, mit Geduld wird ein Stein ausgesucht, begutachtet, mehrfach gedreht, wieder verworfen, bis endlich einer paßt und eingesetzt werden kann. Stein ist nicht gleich Stein, er muß ein »Gesicht« haben, sagt man. Heute wird vielfach Beton verwendet, und der Reiz einer kunstvoll errichteten Trockenmauer ist leider dahin.

Die erste Arbeit im Weinberg ist der Rebschnitt, der in sonnigen Lagen schon im Dezember beginnt und abgeschlossen sein muß, bevor die Reben »rearn« oder »woanen«. Den in der Sonne wie Diamanten glitzernden Tropfen, die das »In-Saft-Kommen« der Reben anzeigen, schreibt man im Volksglauben eine Heilwirkung bei Augenleiden zu. Einer griechischen Legende zufolge war es eine »Eselei«, die zum regelmäßigen Rebschnitt geführt hat.

Eine mineralogische Fundgrube ist diese schöne Trockenmauer in einem Vezzaner Weinberg.

In der Nähe der Seestadt Nauplia, die wegen ihres vorzüglichen Weines schon im Altertum berühmt war, mußte an einem heißen Frühlingstag ein Esel Mist in den steilen Weinberg karren. Während der Bauer den Dünger verstreute, tat sich der Esel an den frischen Blättern und Trieben der Weinstöcke gütlich. Als der Bauer dies bemerkte, sah er sich schon eines Teiles seiner Ernte beraubt, und die Tracht Prügel, die er dem Esel übers Fell zog, würde wohl auch nichts mehr daran geändert haben. Aber siehe da, im nächsten Jahr reiften an dieser Stelle viel größere und bessere Trauben als an den ungerupften Reben.[16] Dieser Vorfall soll den Anstoß zum jährlichen Beschnitt der Reben gegeben haben. Aber zurück zur Realität. Der Rebschnitt besteht im regelmäßigen Zurückschneiden des einjährigen Holzes, aus dem die fruchttragenden Triebe wachsen, und im sich von Fall zu Fall als notwendig erweisenden Ausschneiden des alten, unfruchtbaren Holzes.

Damit sich das Rebdach wieder von hinten nach vorne erneuert, wird ein kurzer Zapfen, der »Daum«, am alten Holz belassen. Einem qualitätsmindernden zu starken Wachstum muß schon beim Rebschnitt entgegengewirkt werden. Bevor sich an den Reben Knospen bilden, werden die zurechtgeschnittenen »Lafer« an den Draht gebunden. Ehe man mit dieser Arbeit beginnen kann, ist jedoch das »Aufpergeln« an der Reihe, das Ausbessern und Instandhalten des Rebgerüsts. Die Säulen und Querlatten (Schaltern) müssen überprüft, die Verankerungen gefestigt und die Drähte gespannt werden. Wenn die Sonne stärker wird und die Rebäste etwas geschmeidiger werden, beginnt die Zeit des Rebenbindens. Eine Arbeit, die viel Geschick erfordert, auch Vorsicht verlangt, wenn sich ein etwas störrischer »Lafer« nicht leicht biegen läßt und zu brechen droht. Frauenhände sind für diese Arbeit besser geeignet. Heute werden zum Anbinden der Reben fast überall Kunststoffbänder verwendet; früher benutzte man dazu Weidenruten, das »Felerband«.

»Bandfirmen« nannte man das Zurechtschneiden der Weiden, die zum Festbinden der Reben dienten. Im Winter wurden die roten Ruten von den knorrigen Weidenstöcken abgeschnitten und eingebracht. Nach Feierabend setzte man sich in der »Ansetz« zusammen, um die kleinen Ästchen abzuschneiden, zu sortieren und zu bündeln. Das »Bandfirmen« war eine leichte, angenehme Arbeit, bei der es oft munter zuging, wobei gesungen und über alles mögliche diskutiert, getratscht und gelacht wurde. Die Nachbarn halfen sich bei dieser Arbeit gegenseitig aus und nahmen gerne die Gelegenheit wahr, das aufgestaute Informationsdefizit abzubauen.

Das vom Rebschnitt abgefallene Reisig wurde zu handlichen Bündeln geformt, die dann als »Schab« zum Beheizen der Bauernöfen und in der Waschküche Verwendung fanden. Heute wird alles an Ort und Stelle gehäckselt und dem Boden des Weinberges zur Humusbildung zurückgegeben. Nachdem die zeitraubenden Erdarbeiten – Aufschlagen, Ausziehen, Zuhacken – nicht mehr üblich sind, begnügt man sich mit dem Mulchen des Unkrauts. Dann erfolgt das Ausbrechen, Schabigen und Ausbrocken. Unter Ausbrechen versteht man das Entfernen der unfruchtbaren und doppelten Triebe. Später wird »geschabigt«, das überflüssige Laub abgebrochen, damit die Triebe mehr Kraft und die heranwachsenden Trauben mehr Luft und Licht erhalten. Auch die unfruchtbaren Stocktriebe müssen entfernt werden. Im Burggrafenamt sagt man zum Schabigen »Ogrosen«. Schon die Römer hatten diese wachstumsbeeinflussenden Vorkehrungen gekannt. Nach Plinius vollzog sich das erste Ausbrechen im Frühjahr noch vor der Blüte (pampinatio verna), da während der Blüte der Weingarten nicht betreten werden sollte. Das zweite Ausbrechen fand bei Beginn der Reife statt (pampinatio autumnalis).[17]

Wenn die Trauben schon Gestalt annehmen, beginnt das »Aufbinden« der herabhängenden, mit Frucht beladenen Triebe. Eine Maßnahme, die früher nicht bekannt war, der heute aber größte Bedeutung zukommt, ist das »Ausdünnen« des sich als zu stark abzeichnenden Traubenbehanges. Diese Arbeit verlangt große Umsicht, muß doch die Entwicklung und Belastbarkeit der Rebe abgeschätzt werden. Ein ungutes Gefühl begleitet den Bauern bei dieser Arbeit, wenn er sich vorstellt, daß ein Hagelschlag dieses freiwillige Auslichten erbarmungslos weiterführen könnte. Der Schaden wäre bei einem reduzierten Traubenbehang natürlich größer als bei vollem Behang. Es ist kein schöner Anblick, wenn nach dem Ausdünnen die gesunden Trauben am Boden liegen. Ältere Bauern meinen kopfschüttelnd, *früher mußte man beim Wimmen jeden Kern vom Boden aufheben, und heute wirft man gesunde Trauben massenweise auf den Boden.*

Nun sind die eigentlichen Arbeiten im Weinberg beendet, bis auf die Schädlingsbekämpfung, die weiterhin die Sorge des Weinbauern bleiben wird. Wenn sich kurze Regen mit heißem Sonnenwetter abwechseln, entstehen nahezu tropische Klimaverhältnisse, welche die Verbreitung schädlicher Bakterien, Pilze und Parasiten fördern und rasches Eingreifen erforderlich machen. Wenn in den Bozner Trockenhängen die Sonne erbarmungslos auf den Weinberg brennt und die Zigolen (Zikaden) ihr eindringliches Gezirpe anstimmen, dann ist es so heiß, daß die Feldarbeit unterbrochen werden muß.

Sind diese vielen Arbeiten und Vorkehrungen endlich abgeschlossen, wartet der Weinbauer mit Ungeduld und Sorge auf den Beginn der Weinlese. Sorge vor allem deshalb, weil das Wetter in dieser Zeit wohl einiges gutmachen, aber auch alles zerstören kann.

UMZÜGE UND BITTGÄNGE

Zu den ältesten Bozner Bittgängen zählen die Pfingstfahrten nach »Sibenzäun« (Civezzano in der Valsugana), die zur Erflehung einer günstigen Witterung für den Weinbau von Bozen und Gries abgehalten wurden.

Berühmt waren die großen Bozner Umgangsspiele, die im 15. Jahrhundert ihren Anfang nahmen und im 18. Jahrhundert zum Erliegen kamen. Von religiöser Seite mehrten sich die Stimmen, die auf eine Auflösung des Großen Umzuges mit dem Georgsspiel drängten. Andererseits gab es auch Befürworter aus kirchlichen Kreisen. Der Franziskaner Ferdinand von Troyer wies 1648 in seiner Stadtchronik darauf hin, wie der Große Umgang von den Vorfahren in Zeiten größter Landes- und Stadtnot gelobt worden sei, und eiferte die Besitzer und Bebauer der Weingüter in dem Glauben an, daß das Gedeihen der Reben von der Einhaltung des Gelübdes abhängig sei.[18] Es kam zu einem Kompromiß, der die jährliche Abhaltung der Sakramenteprozession ohne Figuren und Drachenstechen beinhaltete und nur mehr alle drei Jahre den alten Umzug in seiner vollen Pracht vorsah.

Barockes Gepräge bestimmte den Großen Umgang, und die Figuren, Bilder und die auftretenden Personen nahmen an Zahl und Pracht zu. Oft kam der ganze Zug ins Stocken, wenn die riesigen Bühnenwagen in den engen Gassen der Stadt nicht mehr weiterkamen. Organisatorische Schwierigkeiten und die ablehnende Haltung der Kirche nahmen in der Folge zu. Jesuitenmissionare lösten beinahe einen Volksaufstand aus, weil sie vor allem den Drachenstich als untragbaren Auswuchs der kirchlichen Feier hinstellten. Dieser dramatische Bühnenakt bildete tatsächlich den Mittelpunkt des ganzen Umzugs. Der Kopf des Lindwurms wurde von einem Bildhauer aus Holz geschnitzt und der übrige Leib aus Leinwand hergestellt. Er wurde kunstvoll bemalt und mit Holz gespreizt. Der Ritter hatte hoch zu Roß den pfauchenden Drachen anzuspringen und die am Halse angebrachte Blutblase mit dem Speer zu treffen, ohne dabei die Männer, die im Tiergehäuse versteckt das Ungetüm bewegten, zu verletzen. Gelang ihm der Angriff beim ersten Mal, war er des Jubels der Zuschauer sicher. Es war das beste Omen für eine reichliche Weinernte. Mißlang der Stich, ergoß sich Spott über ihn, und die üble Nachrede hielt noch lange an.[19]

Erwähnenswert sind die zu Ehren von Sankt Urban im Burggrafenamt abgehaltenen Weinprozessionen; gleich vier solche Traubenumgänge hielten die Maiser ab, wobei der Heilige von Bauern herumgetragen wurde. Dieselbe Ehre wurde ihm in einem weitläufigen Bittgang an der Marlinger Lehne zugebilligt. Vier Saltner holten die von blühenden Rebzweigen und Rosmarin umkränzte Statue aus der Kirche von Marling, und der Zug bewegte sich durch die Weingüter bis nach Tscherms und Baslan. Im Herbst nach der Weinlese, am Rosenkranzsonntag, veranstalteten die Marlinger eine Dankprozession. Beim Antlaßumgang von Dorf Tirol trug man eine mit Reblaub und Trauben geschmückte Statue des heiligen Urban zum Segenbühel, der höchsten Erhebung des berühmten Küchelberges. Weniger andachtsvoll war der Aufmarsch der Saltner des Bozner Bodens in ihrer bunten, mit vielem Zeug behangenen Tracht. Sie trugen einen aus Weintrauben bestehenden Wimmetkranz durch die Stadt und schossen dabei aus ihren Gewehren. Infolge unliebsamer Ausschreitungen wurde auch dieser Brauch seit 1692 nicht mehr geduldet.[20]

Die theatralischen Umzüge sind im Laufe der Zeit verschwunden, und nur mehr die schlichten bäuerlichen Bittgänge haben sich bis in die heutigen Tage bewahrt, wie u. a. in Rentsch bei Bozen, wo jährlich mehrere Bittgänge nach Sankt Magdalena, Sankt Justina und in die nähere Umgebung stattfinden. Ist die Ernte eingebracht, werden vielerorts Dankgottesdienste abgehalten. Als sichtbares Zeichen des Dankes werden von den Bauern Körbe mit den herrlichen Früchten vor den Altar gelegt.

In früheren Jahrhunderten bestanden Stiftungen, die den Teilnehmern an den Bittgängen durch eine Weingabe eine kleine Stärkung zukommen ließen. So bekamen die Bittgänger aus den Gemeinden Mals, Burgeis und Nauders, die seit uralten Zeiten, alljährlich am Mittwoch vor Christi Himmelfahrt, einen Bittgang nach Sankt Valentin unternahmen, Wein ausgeschenkt. Zu verdanken hatten sie diese Labung der ehrbaren Frau Elsa an der Wis von Nauders, die im Jahre 1499 eine Weingültenstiftung errichtete, die jährlich vier Yhren (ca. 315 Liter) guten Weines vorsah, von denen drei beim Kreuzgang zur Verteilung gelangten und eine als Opferwein verblieb, alles zum Segen der Frau Elsa und ihrer Vorfahren.[21]

SANKT PETRUS HAT ES IN DER HAND

Die Ernte ist vom Wetter abhängig – eine Binsenweisheit, die auf den Weinbau in ganz besonderem Maße zutrifft. Kein anderer Feldertrag ist so lange Zeit den Tücken des Wetters ausgesetzt, wie die Weintrauben. Eine trockene, außergewöhnlich harte Winterkälte, ein unzeitiger Frost, ein starker Hagelschlag und anhaltender Regen bei schon reifem Behang können bis zum Schluß die ganze Ernte in Frage stellen. Kein Wunder, daß der Weinbauer die ganze Zeit sorgenvoll zum Himmel blickt und nur dann zur Ruhe kommt, wenn die Ernte gut eingebracht ist. Aufmerksam beobachtet er alle Anzeichen, die eine ungünstige Witterung vermuten lassen. Keine Freude empfindet er, wenn sich der »Pfutscher« (Zaunkönig) in der Nähe des Hauses zeigt und mit großer Sicherheit einen Wettersturz ankündigt.

Den Anfang der langen Reihe von Schadenseinflüssen bildet das Erfrieren des Rebholzes, das durch ein Vertrocknen der Reben und im Auf- und Zufrieren des Rebsaftes bei plötzlich eintretendem starkem Temperaturwechsel verursacht werden kann.[22] Man spricht dann vom Rebtod, oder »die Reben sind in schwarzen Saft gekommen«. Im Bauernkalender von 1924 berichtet Karl Felix Wolff über ein Rebsterben im Jahre 1364. Zwei Jahre später war erneut eine große Winterkälte, daß es sogar im sonnigen Leitach jahrelang keine Weinernte mehr gab. 1699 und 1708 wurden rings um Bozen fast alle Rebstöcke vernichtet. Den Ernteausfall in den Jahren 1890/91 veranschaulicht folgende Statistik der Weinproduktion in Deutschtirol:

1886 – 356.580 hl	1891 – 12.680 hl
1890 – 78.100 hl	1892 – 155.310 hl

Späten Frost können die »Eismannder« bringen, die von den Bauern mehr gefürchteten als verehrten Heiligen Pankraz, Servaz und Bonifaz (12., 13. und 14. Mai). Diesen Männern eines draufsetzen kann noch eine unfreundliche Dame, die »kalte Sofie« (15. Mai). Wenn sie sich auch um ein paar Tage verschieben können, auf die Eisheiligen ist Verlaß.

Jahrhundertelang hat man bei Unwettern die Heiligen zu Hilfe gerufen, Palmbuschen aufgesteckt, Weihwasser gesprengt, geweihte Kräuter angezündet und aufs Feld gebracht. Wenn im Kirchturm die Wetterglocken anschlugen, wußte man, daß große Gefahr im Anzug war. Um gutes Wetter zu erflehen, wurden auch Bittgänge abgehalten. Da dies nicht immer wirkte, beschritt man auch andere Wege. Ein altes, probates Schutzmittel gegen den Frühjahrsfrost war das »Rachen«. Die Vorbereitungen dazu wurden schon frühzeitig getroffen, während der Einsatz erst durch den von einem Wachdienst durch Glockenschlag oder Sirenen ausgelösten Frostalarm erfolgte. Die mit Laub und grünem Reisig angefachten Feuer entwickelten über den Weinreben und Obstbäumen eine starke Rauchdecke. Dies hatte eine Erhöhung der Temperatur zur Folge und verhinderte gleichzeitig bei Sonnenaufgang eine zu rasche Aufwärmung der bereiften Pflanzenteile, was ein Absterben des Fruchtholzes verursachen könnte. Den Erfolg einer solchen Aktion bestätigt folgender Zeitungsbericht vom 1. Mai 1900: *Um 12 Uhr nachts ertönte von der Dekanatskirche Klausen Geläute und vom Bauernhofe Mayr auf der Sytz Pöllerknall, um die Mitbürger zu bitten, die Reiffeuer anzuzünden. In unglaublich kurzer Zeit brannten von der Klausener Bezirksgrenze ostwärts bis herab nach Barbian über zweitausend Reiffeuer. Bei Anzündung der Feuer betrug die Temperatur +1 Grad, bis 4 Uhr früh stieg sie auf +4 Grad, so daß Reben und Obst, geschützt durch die riesige Rauchentwicklung, davonkamen. Auch in Brixen wurden die Weinbergbesitzer durch das Anschlagen der großen Glocke aufgefordert, Reiffeuer anzuzünden, was auch sofort geschah.*[23]

Palmbuschen

Heute vertraut man mehr auf die Frostberegnung. Um die zarten Blüten bildet sich ein Schutzpanzer aus Eis, der im Inneren die Temperatur nicht unter den Nullpunkt sinken läßt. Es ist ein eigenartiger Anblick, wenn dann im Sonnenlicht die Eiszapfen von den Bäumen hängen und die bunten, unversehrten Blüten in voller Pracht aus dem Eis hervorleuchten.

Der Hagelschlag ist am meisten gefürchtet. Was nützt es dem Weinbauern, wenn er das ganze Jahr über seine Anlagen pflegt und hegt, Sankt Petrus aber übelgelaunt ein verheerendes Hagelwetter herniederschickt, das nicht nur die laufende Ernte vernichtet, sondern auch den Ertrag der kommenden Jahre in Frage stellen kann.

Von Plutarch wissen wir von den eher zweifelhaften Erfolgen, mit denen die auf öffentliche Kosten bestellten Hagelbeschauer – *speculator futurae grandinis* – aufwarten konnten. Sie mußten die Wolken beobachten und hatten nach deren Färbung im voraus anzugeben, ob Hagel kommen werde. Diese Wolkengucker waren – wie man annehmen darf – nicht sehr stark ausgelastet. Zu beneiden waren sie trotzdem nicht, denn sie waren richterlichen Aburteilungen unterworfen, wenn durch ihre Sorglosigkeit Weinstöcke und Saaten verwetterten. Der im ersten Jahrhundert lebende griechische Philosoph und Historiker stellte in diesem Zusammenhang die durchaus berechtigte Frage: *Wenn sie aber auch wirklich anziehende Unwetter vorhersagen, was ist dann zu tun?*

Vor nicht allzulanger Zeit haben wir uns ja selbst etwas dubiosen Kräften anvertraut und mit Raketen das dräuende Gewölk beschossen. Diese aufwendigen Kanonaden währten einige Jahre, wurden dann aber eingestellt. Heute baut man mehr auf die Hagelversicherung, oder man überspannt – wo es das Gelände erlaubt – die Obst- und Weinanlagen mit Netzen, die einen vollkommenen Schutz bieten. Am Ritten sind 1988 allerdings so große Mengen an Hagelgeschossen niedergegangen, daß die Netze der Last nicht mehr standhalten konnten und zerbrachen.

So sieht ein Rebstock aus, der von einem schweren Hagelschlag getroffen wurde. Das Laub ist abgeschlagen, von den Trauben blieb nur mehr wenig übrig, und die Schäden am Fruchtholz sind deutlich zu erkennen.

29

Sankt Medardus (Tarsch)
Der Bischof, dessen Kennzeichen eine Sense ist, wird auch
»Heuprunzer« genannt, weil an seinem Festtag gerne Regen fällt.

WETTERSPRÜCHE IM JAHRESKREIS

Die ständige Sorge um gutes Wetter hat die Bauern zu einer aufmerksamen Naturbeobachtung veranlaßt. Aus den dabei gewonnenen Erfahrungen haben sich Wetterregeln, Wettersprüche und Lostage entwickelt, denen auch heute noch eine gewisse Bedeutung beigemessen wird. Im allgemeinen wird Sankt Petrus für das Wettergeschehen verantwortlich gemacht, aber die wahren Wolkenschieber sind die darauf spezialisierten Heiligen. Zu den Lostagen gehören Mariä Lichtmeß (2. Februar) und Petri Stuhlfeier (22. Februar). Der Tag von Petri Stuhlfeier galt früher als bäuerlicher Frühlingsanfang. In diesem Zusammenhang sagte man in der Umgebung von Bozen auch »Peter Bitterle« dazu, weil man von diesem Tag an wieder mit einem »Bitterle« voll Hauswein zur Feldarbeit ging.

Wie's Petrus vor Matthias macht,
so bleibt es noch durch vierzig Nacht.
Wenn's friert auf Petri Stuhlfeier,
friert's noch vierzehnmal heuer.

Als gewaltiger Wetterherr galt Sankt Medardus (8. Juni), an den ein altes Quellheiligtum oberhalb Tarsch im Vinschgau erinnert. Der wohltätige Heilige wurde oft mit lachendem Mund dargestellt, weshalb er früher – in irrtümlicher Auslegung – auch bei Zahnschmerzen angerufen wurde.[24]

Sankt Medardus schian,
wearn no vierzig Tog so gian.
Sankt Medardus naß und Regen
bringt den Bauern wenig Segen.

Weitere wetterbestimmende Lostage sind Mariä Himmelfahrt (15. August), Bartholomäus (24. August), Ägidius (1. September) und der Michaelstag (29. September).

Im Zeitalter der Satellitenmeteorologie ist man geneigt, diese Wettersprüche als überholten Aberglauben abzutun. Wenn man aber das Wettergeschehen über längere Zeit verfolgt, wird man feststellen, daß doch viele Lostage zutreffen und nicht alles dem Zufall zugeschrieben werden kann.

Während im Dezember die Natur einen unbekümmerten Winterschlaf hält und es wenig Wetterregeln gibt, will der Jänner schon mehr Beachtung finden.

> *Jänner, je kälter und heller,*
> *Scheune und Faß desto völler.*

> *Sind im Jänner die Flüsse klein,*
> *gibt's viel Frucht und guten Wein.*

> *Eulalia (12. Februar) im Sonnenschein*
> *bringt viel Obst und Wein.*

Der Frühling bringt wieder neues Leben. Wenn sich mit den Frühlingsstürmen der Winter auch nochmals in Erinnerung ruft, die gute Jahreszeit ist nicht mehr lange aufzuhalten.

> *März ohne Naß*
> *macht voll das Faß.*

> *Wie das Wetter auf vierzig Märtyrer (10. März) fällt,*
> *vierzig Tage dasselbe anhält.*

> *Zu Georgi (23. April) blinde Reben*
> *volle Trauben später geben.*

> *Scheint zu Nepomuk (16. Mai) die Sonne,*
> *wird der Wein zur Wonne.*

Sankt Urban ist der Patron der Weinberge, des Weines und der Winzer; gleich zwei Heilige beanspruchen dieses ehrenvolle Amt: Papst Urbanus I. (25. Mai) und Bischof Urbanus von Langres (23. Jänner). Beide werden mit

Weinstock und Traube dargestellt. Papst Urbanus hat sich bei uns durchgesetzt und wird allgemein als Weinpatron verehrt. Früher hatte er einiges durchzustehen, wie Bodinus in seiner »Daemonomania« aus dem Jahre 1591 berichtet: *In Teutschland ist der Brauch verboten worden, das Bild St. Urbans zu bösen Herbsten in den Bach zu ziehen, aber zu reichen Herbsten es in ein Wirtshaus zu führen und mit soviel Gutterufen, Augstern und Gläsern Weins zu beschenken, als Bauern hinter dem Tisch sitzen.*[25]

> *Hat Urban (25. Mai) schön Sonnenschein,*
> *verspricht er viel und guten Wein.*

Der Sommer soll sehr heiß sein und wenig Regen bringen, so steht es in allen Sprüchen und Regeln. Was im Sommer nicht reift, holt auch ein noch

Johannes und Paulus, die blitzabwehrenden Wetterheiligen. Votivbild in Tall ob Schenna, 1751

so schöner Herbst nicht auf. *Was Juli und August nicht kochen, kann der September nicht braten*, besagt ein alter Wetterspruch.

> *Juni trocken mehr als naß*
> *füllt mit gutem Wein das Faß.*

> *Johannisregen (24. Juni)*
> *bringt keinen Segen.*

> *Regnet's am Tag unsrer Lieben Frauen (2. Juli),*
> *so wird sich das Regenwetter mehren*
> *und vierzig Tage nacheinander währen.*

> *Einer Reb' und einer Geiß*
> *ist's im Sommer nie zu heiß.*

> *Was die Hundstage gießen,*
> *muß die Traube büßen.*

> *Ist Lorenzi (10. August) ohne Feuer,*
> *gibt's ein saures Weinchen heuer.*

> *Regen an Sankt Bartlmäh (24. August)*
> *tut den Reben bitter weh.*

Allmählich ist der Herbst ins Land gezogen, und die Gefahr der schweren Gewitter ist nicht mehr so groß; der Zeitpunkt der Ernte ist nähergerückt. Trotzdem hängt noch sehr viel von den Launen des Wetters ab, denn – nicht ganz im Einklang mit einigen der angeführten Bauernregeln – ein sonniger, trockener Herbst kann doch noch vieles bewirken und gutmachen.

> *Septemberregen ist dem Bauer gelegen,*
> *wenn er aber den Winzer trifft,*
> *ist er ebenso schlecht wie Gift.*

Siebenschläfer, Fresko von Conrad Erlin, 1425, Bozen, Pfarrkirche. Das Fest der Siebenschläfer (27. Juli) ist ein Lostag für das Wetter in den nächsten sieben Wochen.

*Wie sich's Wetter um Mariä Geburt (8. September) tut halten,
so wird es noch vier Wochen gestalten.*

*Wenn Matthäus (21. September) weint statt lacht,
er aus Wein oft Essig macht.*

*Ist Sankt Lukas (18. Oktober) mild und warm,
kommt ein Winter, daß Gott erbarm.*

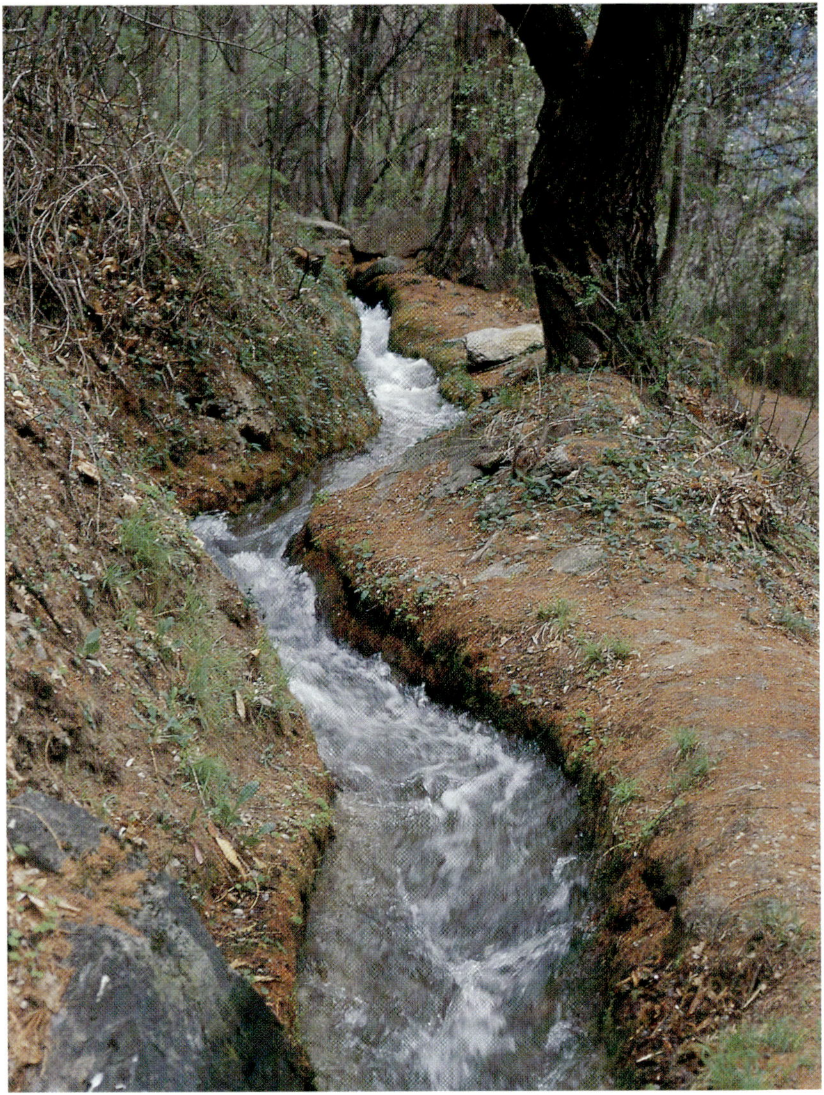

BEWÄSSERUNG EINST UND JETZT

Obwohl die Rebe der Trockenheit besser standhält als andere Pflanzen, hängen der Ertrag eines Weinberges und die Qualität des Weines von einer ausreichenden Wasserversorgung ab. Die Trockentäler der Alpen, zu denen auch der Vinschgau zählt, haben eine so geringe Niederschlagsmenge aufzuweisen, daß eine landwirtschaftliche Nutzung der Trockenhänge ohne eine künstliche Bewässerung nicht möglich wäre. Einzigartig im ganzen Alpengebiet sind die Wasserwaale des Vinschgaus und des Burggrafenamtes. Die schon in frühester Zeit angelegten Wasserwaale hatten nach einer zwischen den beiden Weltkriegen vorgenommenen Erhebung ein Netz von 965,5 km erbracht, das 178 km^2 Kulturland versorgte. Die Wasserrechte waren schon im Mittelalter fest geregelt, und die Benutzungszeit des »Wasserwassers« war genau eingeteilt. Für die Ordnung war der Waaler bzw. Kehrer verantwortlich. Zu seinem Aufgabenbereich gehörte die Beaufsichtigung und Instandhaltung der Wasserläufe; auch hatte er zu wachen, daß die Bauern keinen Wasserdiebstahl begingen. Bei der Bedeutung des kostbaren Elements kam es nicht selten zu Konflikten. So gab die Nutzung des Naturnser Kirchberges wiederholt Anlaß zu Streitigkeiten, die erst im Jahre 1723 durch einen gerichtlichen Vergleich beigelegt werden konnten.[26]

Um das Wasser in höher gelegene Weingärten zu befördern, errichtete man große Schöpfräder. In Gries beim Möcklhof in Fagen oder im Bozner Boden beim Pfannenstielhof standen noch zur Jahrhundertwende solche Schöpfräder in Betrieb. Ende des 19. Jahrhunderts standen in der Nähe des Trianglhofes Schöpfräder, welche den unterhalb des »hohen Weges« gelegenen Gütern Wasser zuführten.[27] Aber auch in der Klausner Gegend und im übrigen Weinbaugebiet des unteren Eisacktales gab es Schöpfräder.

Das im Jahre 1929 von Ing. Emil March in Prazöll bei Bozen entwickelte Bewässerungssystem war die erste Großberegnungsanlage Europas.

Der landschaftlich reizvolle und gut begehbare Schnalswaal führt das Wasser in weitem Streckenverlauf aus dem Schnalstal von Altrateis über Juval nach Tschars.

Gespeist wurde sie vom Überwasser des Kardauner Kraftwerkes, das damals ebenfalls zu den größten Wasserkraftwerken Europas gezählt wurde. Da viele in der künstlichen Beregnung einen Frevel Gottes sahen, auch einige Weinhändler einen Qualitätsverlust des Weines voraussagten, ja sogar die Annahme der Maische verweigerten, hat sich so mancher Weinbauer zurückgezogen, was die Durchführung dieses Vorhabens arg erschwerte.

Das große Wasserschöpfrad beim Möcklhof in Fagen in Gries bei Bozen

UNGEZIEFER UND ANDERE PLAGEN

Die biblische Heuschreckenplage ist wohl das älteste Beispiel einer solchen Heimsuchung. Aber nicht nur im fernen Ägypten haben die ekelhaften Verwandten unserer harmlosen Heuhupfer alles kahlgefressen, sie sind auch über unsere Weinberge hergefallen, wie aus alten Aufzeichnungen zu entnehmen ist. Die älteste Angabe über einen unheilvollen Heuschreckenschwarm stammt aus dem Jahre 591, dem im darauffolgenden Jahr ein weiterer folgen sollte. Der größte und bekannteste Zug war im Jahre 1338 zu verzeichnen. Der Tiroler Chronist Mathias Burgklechner berichtet darüber: *Eodem Anno flogen die Heyschröckhen aus der Tartarey durch Vngeren vnd Osterreich, auch durch alle Anderen Teutsche Land, vnd khamen in das Ihnthal vnd Etschland gen Bozen vnd Ynnsprugg den 24. Augustus. Sie flugen durch 14 Tag vnd hueben zw. Terz Zeit an zu fliegen bis auf Feyr Abent Zeiut. Da ließen sie sich widerum nider und verwuesteten das Feld allenthalben gar ybel.*[28] Im gleichen Jahr stieß in Kaltern der Pfarrer von der Kanzel einen Bannfluch aus, der die Heuschrecken treffen sollte und anscheinend auch getroffen hat, denn es hieß: *Dieser ausgesprochenen Vrtheil folgen die Heyschröckhen vnd fliegen alßbald alle vom Land, das man Jr Khainer mehr sach.*[29] Wohl nicht lange, denn sie kamen wieder, und nicht nur einmal. Um dieses Unheil abzuwenden, wurden Prozessionen abgehalten und alle Heiligen angerufen – insbesondere der heilige Magnus, der nicht nur als Patron des Viehs verehrt wurde, sondern auch für den Weinberg als großer Nothelfer galt. Seinem Abtstab sagte man Wunderkräfte nach, und es hieß, wo des Heiligen Stab segnend durch die Weinberge geführt werde, blieben die Trauben sieben Jahre vom Schimmel verschont.

Die Mitte des vorigen Jahrhunderts von Nordamerika eingeschleppte Reblaus *(Viteus vitifolii)* sollte zu einer Naturkatastrophe ungeahnten Ausmaßes führen, die nahezu den ganzen Weinbau zum Erliegen brachte. Einer in Kaltern vorgenommenen Erhebung ist zu entnehmen: *… im Jahre 1902 waren 27 Parzellen von der Reblaus befallen und 0,4 ha sichtlich geschädigt. Im Verlaufe von fünf Jahren stieg die Anzahl der verseuchten Parzellen auf viele Hunderte und heute sind fast alle Weingärten bereits zerstört, oder* *doch ernst angegriffen. Der Maischeausfall, der 1902 mit 84 hl eingeschätzt werden konnte, beläuft sich 1907 bereits auf 3000 hl.*[30] Dieser verheerenden Seuche Herr zu werden, schienen alle Mittel recht zu sein. So verursachte eine nach der Weinlese für mehrere Wochen erfolgte Unterwassersetzung der Reben mehr Schaden als Nutzen. Erst durch die Verwendung der gegen die Reblaus immunen Unterlagsreben konnte Abhilfe geschaffen werden.

Auch der Traubenwickler *(Cochylis ambiguelle)* hat in vielen Weinbaugebieten unseres Landes große Schäden verursacht. Man errichtete Insektenfallen, indem man Streifen aus Sackleinwand mit dünnem Draht am zweijährigen Rebholz befestigte. Diese »Fetzen« wurden im August angebracht, wenn die »Gossen« sich zur Verpuppung begeben und für diesen Zweck geeignete Stellen suchen.

Die von der Spinnmilbe befallenen Blätter verfärben sich auffällig rot und bleiben in der Entwicklung zurück, wodurch die Zuckerbildung beeinträchtigt wird. Die Ackereule *(Agrotis)* ist eine Schmetterlingsart, deren Raupen, »Rogatten«, nachtaktiv sind. Tagsüber bleiben sie unter der Erde, kriechen bei Einbruch der Dunkelheit auf die Reben und fressen die vor der Blattbildung noch ganz zarten Knospen. In früheren Zeiten war auch der Rebstecher oder Zigarrenwickler *(Rhynchites betuleti)* eine große Plage. Dieser kleine Rüsselkäfer legt seine Eier in ein Blatt, das sich dann zigarrenartig zusammenrollt.

Die gefürchtete Peronospora trat bei uns in den achtziger Jahren des 19. Jahrhunderts auf. Durch das vorerst ablehnende Verhalten vieler Weinbauern wurde der Einsatz von Kupferkalkbrühe lange verzögert, führte dann aber doch zum erhofften Erfolg.

Mit dem 1845 aus Amerika eingeschleppten Mehltau *(Oidium Tuckeri)* wurden die Weinbauern nochmals heimgesucht. 1851 trat er erstmals in der Bozner Gegend auf und verwandelte die Reblandschaft bis an die Grenze Alttirols in eine Wüste.[31] Der »Schimmeltiesel«, wie die Leute die neue Krankheit nannten, konnte erst mit der Schwefelbestäubung erfolgreich bekämpft werden. Sie wurde erstmals vom Botaniker Ludwig Freiherr von Hohenbühel empfohlen, dann vom »Schwefelapostel« Ludwig von Comini-Sonnenberg (1814–1869) aufgegriffen und leidenschaftlich propagiert. Er war der große Pionier, dem anfangs nur Spott und Widerstand begegneten, der dann aber doch als Wohltäter in die Geschichte des Weinbaues eingegangen ist.[32] Die bisher unbekannten Schädlingsplagen brachten die Weinbauern fast zur Verzweiflung, es ist ihnen deshalb nicht zu verargen, wenn sie sich zu den seltsamsten Behauptungen verstiegen. So stand in einem Gesuch der Überetscher Gemeinden an die Behörde folgender Satz: *… damit endlich dem verderblichen Treiben des Telegraphen, der einzig und allein an der Traubenkrankheit Schuld trägt, ein Ende gemacht würde.*[33]

Schaden kann den Reben auch ein Überhandnehmen des Unkrauts. Allem voran die gefürchteten, wurzelstarken »Grummen« (Quecken), eine dem Weizen nahestehende Grasart, die einen vernachlässigten Weinacker schon in kurzer Zeit zugrunde richten können.

An Weingärten, besonders in der Nähe eines Buschwaldes, tut sich die Vogelwelt gütlich. Weder kunstvoll errichtete Ackerscheuchen, blinkende Metallstreifen noch raffinierte Warnschußanlagen können sich auf Dauer Respekt verschaffen. Sogar die uns mit ihrem schönen Gesang erfreuenden Amseln sind zum Ärgernis der Bauern geworden, weil sie mit besonderem Eifer die Früchte fressen und anpicken. Im Eisacktal wurde bis vor kurzem noch »Schwarzplenten« (Buchweizen) angebaut. Heute lohnt es sich nicht mehr, sagen die Bauern, denn die Vögel räumen noch vor dem Zeitpunkt der Ernte alles ab. Auch die Wildschäden nehmen zu, weil sich immer mehr Rehe an den Setzlingen und Jungreben, auch an den Rinden junger Obstbäume gütlich tun. Im Grunde müssen wir uns diese Ausschreitungen selbst zuschreiben, beschneiden wir ja mehr und mehr den natürlichen Lebensraum der Tiere.

Primitiver »Spritzpinsel« aus »Türggtschillen« (Maiskolbenhüllen), mit dem man im Unterland der Peronospora zu Leibe rückte (Gerätemuseum Kurtatsch)

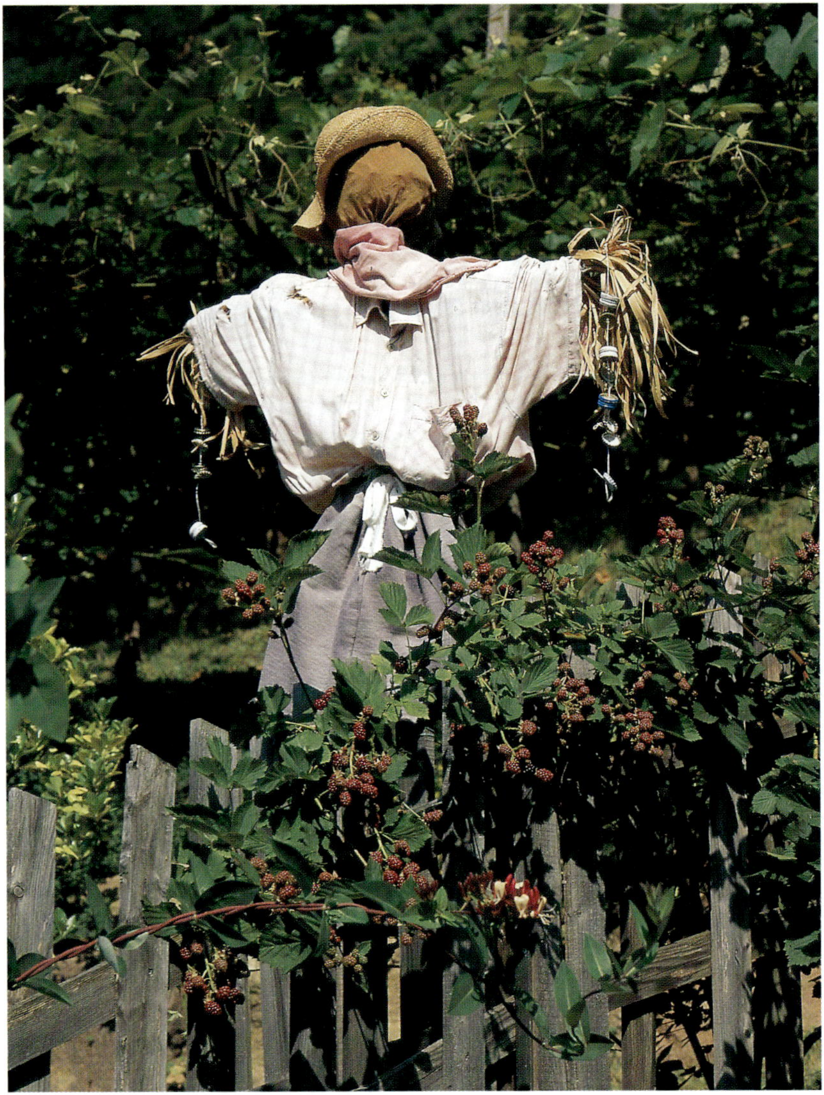

DER SALTNER

Jahwe, Gott Israels, berichtet über seinen Weinberg: *Ich, Jahwe, behüte ihn. Immerfort tränke ich ihn, daß sein Laubwerk nicht falle; bei Tag und Nacht bewache ich ihn* (Js 27,2). Wenn dieser biblischen Aussage auch eine andere Symbolik beizumessen ist, so war die Bewachung eines Weinberges doch schon in frühester Zeit geboten. Tag und Nacht haben auch unsere »Saltner« den Weinberg bewacht. Bereits aus dem 15. Jahrhundert liegen Aufzeichnungen vor, welche die Beauftragung von Wächtern reglementierten. Die Wahl des Saltners, das »Saltnersetzen«, fand am Sonntag vor Jakobi (25. Juli) oder zu Laurenzi (10. August) statt. Ihr Amtsantritt erfolgte zwischen dem Annatag (26. Juli) und Mariä Himmelfahrt (15. August). Die Bewerber hatten verschiedene Voraussetzungen zu erfüllen: So mußten sie dem Ledigenstand angehören, nicht weniger als 24 Jahre (in Kaltern 20) zählen, sie durften im Ortsbereich keinen Grundbesitz haben und mußten selbstverständlich unbescholten sein. *Sie sollen nit haben ain waib oder ainanndern anhanng.*[34] Der Saltnerposten galt als Vertrauensstelle, die nicht besonders honoriert wurde und weit mehr Pflichten als Rechte hatte. Jeder Saltner hatte ein »Riegl-Büchl«, in welchem die Namen der Besitzer der zu bewachenden Weingüter (Riegel) und die vereinbarte Entlohnung eingetragen waren. Der gewählte Saltner wurde dann vom jeweiligen Dorfmeister in den Dienst eingewiesen und mit den nötigen Utensilien ausgestattet. Als erstes mußte er das ihm anvertraute Revier genau erkunden und eventuelle Schlupfwege ausmachen, die besonders im Auge zu behalten waren.

Zur Arbeitsbekleidung gehörte die lederne Hose, das Leibl, der Ledergurt, Strümpfe, wetterfeste Gamaschen und natürlich der martialische Federhut, der dem Feldhüter ein furchterregendes Aussehen gab. Diese riesigen, abenteuerlichen Aufbauten entwickelten sich erst in späterer Zeit. Sie dienten wohl zur Abschreckung, denn einen praktischen Wert hatten sie kaum. Zu seinem weiteren Rüstzeug gehörte eine Brustkette, an der in wir-

Eine für Vogelaugen furchterregende Gestalt, die aber bald zu einem vertrauten Anblick wird

rem Durcheinander Eberzähne, Raubtiergebisse, Knochenteile, Muscheln, Münzen und andere magische Gegenstände angebracht waren. Bewaffnet war er mit einer Runggl, einem Spieß oder einer Hellebarde, später dann mit der »Saltnerpix«, einer doppelläufigen Steinschloßpistole. Schutz gegen dunkle Mächte bot ihm das geheimnisvolle Kreuzeisen. Es hatte eine Größe von 10 x 20 cm; die Längs- und Querbalken waren hohl und enthielten Reliquien. Getragen wurde das Kreuzeisen am Rücken, an der inneren Rockwand. Um diesen in der Kirche geweihten Kreuzeisen eine besondere Abwehrkraft zu verleihen, wurden sie noch heimlich unter dem Hochaltar einer Kirche versteckt.[35] Doppelt genäht hält besser, werden sie sich gedacht haben. Über die geheimnisvolle Kraft solcher Saltnerkreuze wurden die schauerlichsten Geschichten erzählt; so war es möglich, um Mitternacht Hexen und sogar den Teufel mit dem Kreuz zu vertreiben. Die Saltnerordnung untersagt dem Saltner während seines Dienstes jeglichen Kontakt zur Außenwelt, er muß sich Tag und Nacht in dem ihm anvertrauten Gelände aufhalten. Als Unterkunft dient ihm eine alles eher als komfortable Weingarthütte. Die Hütte war wegen des oft feuchten Bodens, aber auch wegen des besseren Überblicks auf Holzpfählen errichtet. Mit grünem Reisig getarnt war die »Lueg«, eine Aussichtsstelle, von der er gut beobachten konnte, ohne selbst gesehen zu werden, denn der Schreck war umso größer, je unvermuteter und je rascher er dem Gesetzesbrecher gegenüberstand. Wenn der Saltner herumstreunendes Vieh in seinem Riegel bemerkte, konnte er für das Großvieh vom Besitzer ein Lösegeld verlan-

Weingartsaltner im Südtiroler Weinmuseum in Kaltern

gen, Kleinvieh konnte er schlachten, ohne dem Besitzer Rechenschaft zu schulden. *Die Gayss, wo sie die Ime weingarten begriffen, dene sollen sie die köpf abhacken unnd an ainen steckhen stossen*, lautet die etwas makabre Anweisung, wenn sich Ziegen in ein Weingut verlaufen.[36]

Die aus Holz oder Eisenblech geformte und mit Dornen umrahmte »Saltnerpratze« war ein Warnzeichen, das am Anfang eines Feldweges angebracht wurde und vom Betreten des Geländes während der Traubenreife abschrecken sollte. Es war ein unmißverständlicher Hinweis, daß in diesem Weinberg ein Saltner für Ordnung sorgte. Das traditionelle Saltnerwesen ist in der Zeit des Ersten Weltkrieges erloschen. Im Jahre 1897 sollte nach einem Beschluß der Gemeinde Mais an Stelle der Saltnertracht ein *neumodisches Policeikostüm* eingeführt werden, um die Fremden nicht zu erschrekken.[37] Dann waren es doch wieder die Fremden, die den Saltner noch einige Zeit am Leben erhielten, allerdings nur als Fotomodell.

Längst ausgedient, stellten sich die »Saltner Weinhüter« vor dem Fotografen in Positur.

DIE WIMMZEIT

Am 19. August feierten die Römer die zweiten Vinalien, wobei die Priester die ersten Trauben abschnitten und ein Lamm opferten. Damit war die Weinlese feierlich eröffnet und der neue Wein dem Jupiter geweiht; trinken durfte man ihn erst nach den ersten Vinalien (22. April) des neuen Jahres. So feierlich geht es bei uns nicht zu, wenn die Traubenlese auch den Höhepunkt des bäuerlichen Arbeitsjahres darstellt.

Der gesamte Wimmvorgang in einer alten Darstellung. Von links nach rechts: Der Zummenträger auf dem Weg zum Bottich, eine Wimmerin entleert die Schüssel, der Schaffltträger füllt die Zumme, eine Wimmerin hilft dem Träger beim Aufladen der Zumme, der Träger auf der Stiege entleert seine Last, und zwei Arbeiter zerstampfen die Trauben mit dem Moster.

Dem Weinbauern fällt die Entscheidung, wann mit der Arbeit begonnen werden soll, oft nicht leicht. Die Herbstsonne kann noch einiges bewirken, tritt aber eine Regenperiode ein, gehen überreife Trauben in Fäulnis über. Dann muß man sich zum Vorwurf machen, nicht doch schon früher begonnen zu haben. Zum Wimmen benötigt man eben gutes Wetter. Nachts soll es kühl sein und tagsüber nicht zu heiß, damit sich die Fruchtaromen besser entwickeln bzw. nicht zu Schaden kommen. In Süditalien, wo die Temperaturen über 30 Grad ansteigen, werden für hochwertige Weine die Trauben nach der Ernte künstlich gekühlt. Ein renommierter Weinbetrieb in Westsizilien hat erstmals einen natürlichen Weg beschritten und die Weinlese auf die kühleren Nachtstunden verlegt.[38]

Bevor die Weinlese beginnt, werden alle Gerätschaften in Ordnung gebracht. Den Wimmerinnen diente früher zum Abschneiden der Trauben ein »Reber«, ein sichelförmiges Messer, das zum Symbol des Weinbaues geworden ist und in vielen Wappen, Skulpturen, Schlußsteinen und Torbö-

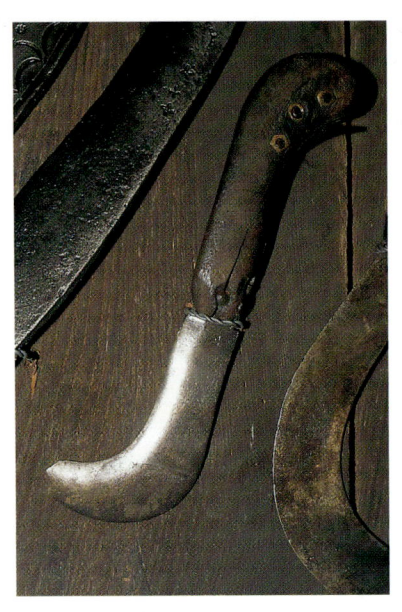

Altes Rebmesser
(Südtiroler Weinmuseum Kaltern)

gen dargestellt wurde. An den Pergelflügeln und unter einem großen Bogen sind die Trauben schwer zu erreichen, und man benötigt daher eine Art Stiege. Sie besteht aus einem auf zwei Beinen aufgesetzten Holzbrett mit aufgenagelten Querlatten, die den Füßen Halt geben. Damit man mit den schwerbeladenen Zummen auf den steilen Weinbergstiegen keinen Fehltritt macht, werden zuvor die »Gassen« sauber ausgekehrt und vom angesammelten Laub und Erdreich befreit. Die Wimmerinnen leeren die mit Trauben gefüllten Schüsseln in die bereitstehenden Schaffln, die vom Schaffltträger gesammelt und in die Zumme geschüttet werden. Diese wird dann vom Zummenträger zum Bottich gebracht. Als man noch die Maische mit einem Ochsenfuhrwerk von den Bergleiten ins Tal brachte, verwendete man ein längliches, geschlossenes Maischefaß, die »Koschglt«. Das Fuhrwerk bestand aus einem »Protzen« mit zwei Vorderrädern und zwei Schleifbäumen, den »Schloafen«, auf denen das Faß aufgebunden war. Unten angekommen, wurden die »Schloafen« mit einer Seilwinde gehoben und das hintere Räderpaar untergeschoben. Auf der Heimfahrt mußte diese Prozedur im umgekehrten Sinne wiederholt werden. In Rentsch, wo die Rittner Straße einmündet, wie auch an anderen Orten, konnte man noch lange den »Galgen« sehen, an dem die Schloafen zum Einsetzen der Hinterräder hochgezogen wurden.

Die letzte Maischefuhre wurde von vielen Weinbauern mit einem Kranz geschmückt, der das Bild des Weinhofes oder eines Weinheiligen zierte. Dieser Kranz wurde das Jahr über in der Kellerei oder im eigenen

Weinkeller bis zur nächsten Ernte aufbewahrt, um ihn dann, frisch geschmückt, wieder an der letzten Maischefuhre anzubringen.

Die Weinlese wird oft als fröhliches Erntefest geschildert. In gewissem Sinne trifft dies ja auch zu, aber das Wimmen war – besonders in einer Zeit, wo es nicht so viele technische Hilfsmittel gab – eine schwere Arbeit, die alle Kräfte abverlangte und auch heute noch zum Alptraum wird, wenn das Wetter nicht mitspielt. Beim Wimmen kommen deshalb kräftige Speisen auf den Tisch. Besonderen Wert legt man auf eine gute »Marende« (Vesper), die einen angenehmen, geselligen Abschluß des arbeitsreichen Tages darstellt. Ist alles gut unter Dach und Fach, gibt's mancherorts noch das »Wimm-Mahlele«, ein besonders gutes Essen, das den Dank für die gute Ernte zum Ausdruck bringen soll.

Bei der Weinlese kommen heute zeit- und personalsparende Arbeitsgeräte zum Einsatz. Dieses Bild versetzt uns in eine Zeit, wo noch ein Ochsenpaar den Arbeitsrhythmus bestimmte.

Ist die Ernte eingebracht, steht der Weinberg für jedermann offen, und es beginnt die schöne Zeit des »Spigelns«, das heißt, sich an den versteckten und vergessenen Trauben gütlich tun. Dies ist ein altüberlieferter Brauch, der schon in der Bibel verankert ist. Im Fünften Buch Moses (Dtn 24, 21) heißt es ausdrücklich: *Wenn du in deinem Weinberg Lese hältst, so sollst du hinterher nicht noch Nachlese halten; dem Fremdling, der Waise und der Witwe soll sie zufallen.* Meist sind es nur kleine »Tschaggelen«, die sich beim Durchstreifen der abgeernteten Pergeln anbieten. Mit etwas Glück zeigt sich eine schöne Traube, die durch ein verdeckendes Rebblatt der Schere entkommen und durch die längere Sonnenbestrahlung noch süßer und aromatischer geworden ist.

Autoschlangen gehören heute zum Alltagsbild geplagter Menschen. In Kaltern stauten sich nur einmal im Jahr die Ochsengespanne, wenn in den Kellereien die Abfertigung der aus dem Seegebiet herangeführten Maische ins Stocken geriet.

IM KELLER REIFT DER WEIN

In den großen Kellereibetrieben ist modernste Technologie zur Selbstverständlichkeit geworden, nur im bäuerlichen Weinkeller richtet sich noch alles nach der althergebrachten Arbeitsweise. Da haben sich noch Geräte und Ausdrucksweisen erhalten, die ein wertvolles Kulturgut darstellen und dem wir uns nun widmen wollen. Vorweg ein Rückblick in die Römerzeit.

Marcus Porcius Cato, der römische Staatsmann und Schriftsteller (234–149 v. Chr.), war bestrebt, die altrömische Gutswirtschaft seinen Zeitgenossen lebendig zu machen. Im vielzitierten Werk »De agricoltura liber« erteilte er u. a. folgende Ratschläge: *Wenn du Wein prüfen willst, ob er sich halten wird oder nicht, dann tue einen halben Essigbecher grobe Gerstengraupen in einen neuen Becher und schütte ebendahinein einen Sextar Wein von jenem Wein, den du prüfen willst, und setze das auf Kohlenfeuer; laß es zwei- oder dreimal aufsieden. Dann seihe es durch, die Graupen wirf weg, den Wein stelle unter freiem Himmel. Andern Tags am Morgen verkoste ihn; wenn er nach dem Wein schmeckt, der im Faß ist, dann wisse, daß er halten wird; wenn er säuerlich ist, wird er nicht halten.* Andere Zeiten, andere Sitten.

Bevor die Maische eingebracht wird, werden alle Geräte einer Prüfung unterzogen. Die Fässer werden zum Brunnen ins Freie gebracht, abgewaschen, »geschwenzt« und im Wasser »geteachnet« (dicht gemacht), und an allen Gebinden werden die Reifen angezogen. Peinliche Reinhaltung ist das höchste Gebot, denn nichts ist dem Wein abträglicher als die Verwendung von verdorbenen und kranken Fässern. Bei den heute verwendeten Stahltanks ist dies alles kein Thema mehr, aber bleiben wir bei der alten Vorgangsweise.

Die Fässer werden dann wieder in den Keller zurückgerollt, auf den Ganter gestellt und mit Holzklötzen gut verkeilt, damit sie einen festen Halt haben. Der Ganter bildet ein aus schweren Holzbalken bestehendes Gerüst, auf dem die Fässer aufliegen. Der Ganterbock dient zum Umlegen und Drehen der schweren Fässer.

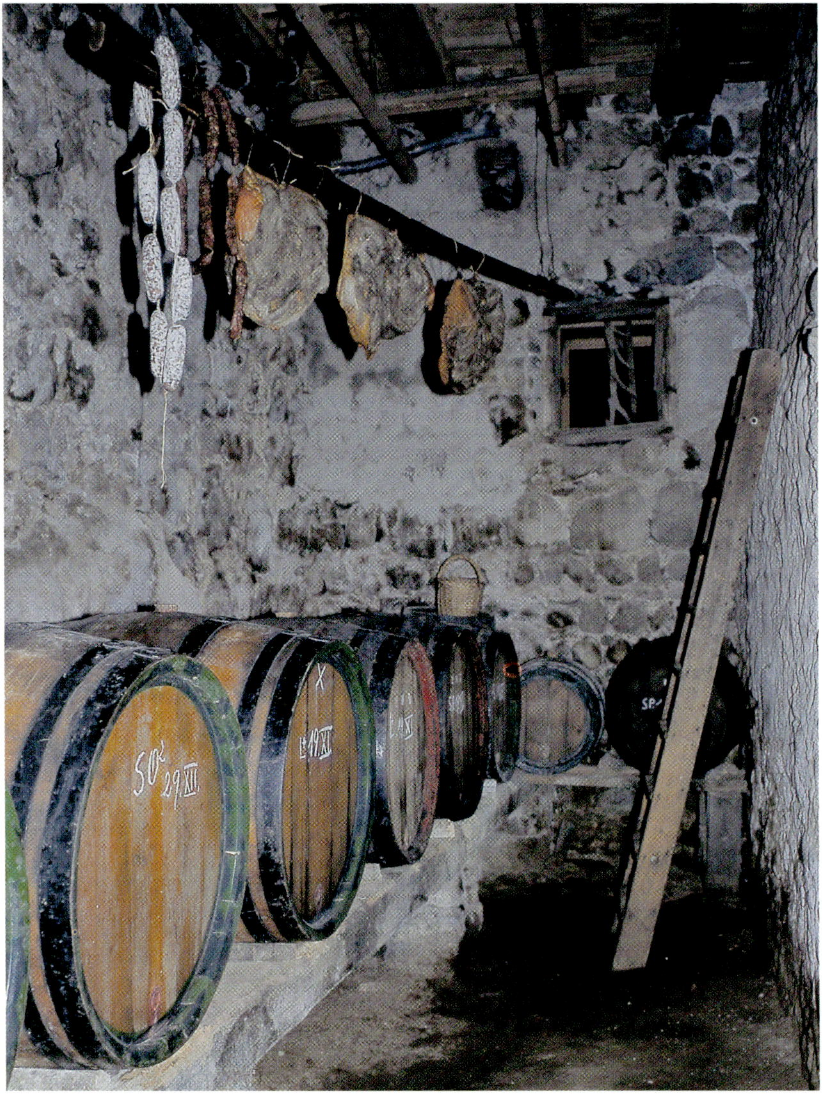

Die Gärfässer (Stander) stehen in der Ansetz, dem ebenerdigen Vorraum zum Keller, in dem früher die Torggel stand. Große Weinproduzenten, vor allem Klöster, Adelshäuser und Großgrundbesitzer, verfügten über eigene Torggelhäuser, in denen oft riesige Torggeln untergebracht waren. Die mit 1555 datierte größte Torggel unseres Landes stammt aus Schloß Braunsberg ober Lana und befindet sich heute in der Laimburg. Die Lagerfässer standen nebenan im Weinkeller. Lag ein solcher Keller im unteren Geschoß, legte man über die Stiegen zwei parallel verbundene Balken, auf denen die Fässer hinauf- und hinunterbefördert wurden.

Da wir schon einmal bei den Fässern sind, noch ein paar Worte zum Faßbinder. Binder wohl deshalb, weil die Dauben mit halbierten Weidenruten zu einem Faß gebunden wurden. Nach Einführung der Eisenreifen ist das Binden nicht mehr so wörtlich zu nehmen. In Bozen erinnert die Bindergasse an dieses ehrbare Handwerk, eine Straße, an der sich früher ein Gasthaus an das andere reihte und auch heute noch zahlreiche Wirtshausschilder zur Einkehr laden. Die Faßbinder waren eine starke Zunft, denn der Bedarf an Fässern war sehr groß, da sie bei einer florierenden Weinwirtschaft die einzigen Lager- und Transportbehälter darstellten. In diesem Zusammenhang ist noch der historische Bozner Bindertanz zu erwähnen, ein origineller Reiftanz, bei dem ein Tänzer den Reifen schwingt, in dem ein oder mehrere gefüllte Weingläser stehen, aus denen beim Schwingen nichts verschüttet werden darf.

Die geernteten Trauben werden in der »Reblmaschine«, die am Bottich aufgesetzt ist und ein großes Schwungrad hat, durchgetrieben und von den »Stingln« oder »Bratschen« getrennt. Die Praschglet wird mit der »Pazeid«, einem dreieckigen Schöpfgefäß, wieder in die Zumme gegeben und in den Stander geschüttet. Im Burggrafenamt hielt sich noch lange Zeit ein alter Brauch, das »Urban anrufen«. Der Auftrager, der die erste Zumme voll Maische in den leeren Stander schüttete, rief während des Schüttens mit lauter Stimme: *Urban auer!* Das soll heißen: Heiliger Urban, mächtiger Weinpatron, ich habe jetzt angefangen, das Faß zu füllen, hilf nunmehr auch du dazu, daß es bald voll wird![39] Damit beim Umschöpfen keine Mai-

Ein kleiner, aber gut bestückter Keller eines Südtiroler Weinbauern

sche auf den Boden fließt, wird über die Zumme und den Bottich ein gebogenes Blech gelegt, das eigenartigerweise »Kunst« genannt wird. Zum »Auftragen« wird eine Holzstiege an das Gärfaß gelehnt. Bei Weinbauern, die über keine geeigneten Geräte verfügen, werden die Trauben im Bottich, bei kleineren Mengen in der Zumme mit dem »Moster« zerdrückt, da kommen auch die grünen Kämme der Trauben zur Vergärung, was dem Wein einen leicht bitteren Geschmack verleiht.

Die Stander dürfen nicht bis zum Rand gefüllt werden, denn während des Gärungsprozesses dehnt sich die Maische aus und benötigt deshalb einen ausreichenden »Steigraum«. Trotzdem kann es zu einem Überfließen der Maische kommen; während der Hauptgärung muß man daher wachsam sein, um notfalls durch Abschöpfen eingreifen zu können. Da wird der Bauer auch nachts einen Blick in den Keller werfen. Die Gärung ist ein wichtiger Vorgang, der durch verschiedene Umstände ungünstig beeinflußt werden kann. Die Kellertemperatur soll stimmen: Ist es zu kühl, dann kommt es zu keiner richtigen Gärung, der Restzucker verbleibt im Wein, und die dann zu einem späteren Zeitpunkt einsetzende zweite Gärung würde den ganzen Reifeprozeß durcheinanderbringen und die Qualität des Weines in Frage stellen.

Die Gärung erfolgt in zwei Abschnitten: die Haupt- oder stürmische Gärung und die stille oder Nachgärung. Die erste benötigt rund zwei Wochen. Die bei der Hauptgärung austretenden Gärgase – es »arbeitet« und »ploppert« in den vollen Standern – ziehen um das ganze Gehöft und sind ein Anzeichen, daß der Umwandlungsprozeß der Trauben in Wein nun in vollem Gange ist. Im Kellerraum ist für eine gute Entlüftung zu sorgen, denn die gefährlichen Gärgase sind schon vielen zum Verhängnis geworden. Die festen Teile der Praschglet werden durch die Gärung nach oben gedrückt und bilden eine feste, dicke Schicht, den »Tresterhuet«, der ab und zu durchstoßen und in die Flüssigkeit gedrückt werden muß, um eine Essigbildung zu verhindern. Nach Beendigung der stillen Gärung werden die Stander mit dem verschraubbaren »Standerluck« geschlossen, und der Jungwein beginnt sich langsam zu klären. Es ist die Zeit gekommen, eine erste Kostprobe zu entnehmen. Ober dem Spundloch, an dem dann für die Weinentnahme der Abzugshahn, die »Pipen«, angebracht wird, ist ein kleines Loch ins Faß gebohrt, das mit dem »Spinell«, einem kleinen Holzzapfen, geschlossen ist. An dieser

Stelle werden die Kostproben entnommen. Es bedarf einiger Geschicklichkeit, diesen Holzstöpsel wieder rasch und sicher einzuführen, damit von dem kostbaren Wein nichts verlorengeht. Im Volksmund sagt man zu einem, der am falschen Platz spart: *Das Spinellöchl tuet er fleißig zueheben, aber beim Spundloch laßt er's lafen.*

Der Wein wird nun eine Zeitlang sich selbst überlassen. Ungefähr nach einem Monat erfolgt der erste »Abzug«, die Umlagerung in ein anderes Faß, ein Vorgang, bei dem sich der gebildete »Läger« und andere Rückstände abscheiden; nach weiteren zwei Monaten wiederholt sich dieser Vorgang. Im Frühjahr, zur Zeit der Traubenblüte, hat der Wein einen Umbruch durchzustehen, er beginnt zu arbeiten, und es bildet sich ein Schaum. Dies bedeutet einen biologischen Säureabbau, bei dem die Apfelsäure in Milchsäure umgewandelt wird.

Höpfwein (Kretzer) und Vergärner sind die Produkte verschiedener Einkellerungsmethoden. Beim Höpfwein wird die Praschglet abgepreßt und der reine Most zur Gärung gebracht, beim Vergärner hingegen der Most auf den Trestern vergoren und erst dann abgezogen. Der Höpfwein hatte in früheren Zeiten keinen besonders guten Ruf. Der Haller Stadtarzt und Gesundheitsapostel Hippolyt Guarinoni wetterte besonders leidenschaftlich dagegen und nannte ihn ein gesundheitsschädliches »Säugeschlepper«. Etwas mag daran schon wahr sein, denn man sagt dem Kretzer nach, daß er Aggressionen wecke. Luis Oberrauch erzählte, wenn er der »Schlernrunde«, die er in schwerer Zeit beherbergte, ausgiebig Kretzer auftischte, wären die Herren mit der Zeit ganz schön in Fahrt gekommen und hätten sich oft so unverblümt die Meinung gesagt, wie sie es sonst wohl nicht getan hätten.

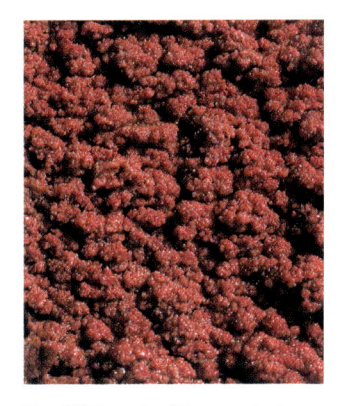

Der Weinstein (Tartarus), ein Kaliumbitartrat, das sich beim Gären der Maische an den Fässern ablagert, wurde schon in Altägypten als Färbemittel, in der Volksmedizin als Abführmittel und von Alchimisten zur Bearbeitung von Gold und Silber verwendet.

DER HANDEL MIT DEM WEIN

Ehe die Weinhändler auf ihre Abnehmer zukamen, mußten die Gastwirte ihren Bedarf direkt bei den Produzenten decken. Den Wirten blieb nichts anderes übrig, als von weit her ins Etschtal zu reisen, um mit den Weinbauern den Kauf abzuschließen. Bei der Suche nach neuen Lieferanten bedienten sie sich häufig eines Weinmessers, der das Geschäft vermittelte und den Wirt zum Weinbauern führte. Die Weinmesser waren beeidete Beamte, die mit weitreichenden Vollmachten ausgestattet waren. Sie nahmen die Eichung der Weingeschirre vor und kontrollierten laufend die Rechtmäßigkeit der in Verwendung stehenden Behälter. Gleichzeitig waren sie als »Aufleger« für das korrekte Verladen der Weine verantwortlich. Bevor das Faß mit Wein gefüllt wurde, mußten sie beim Spundloch »hineinschmekken«, ob das Faß auch gesund und gut gereinigt war.

Ein guter Teil der Weinproduktion wurde auf den Bozner Jahrmärkten umgesetzt, die im 16. Jahrhundert dreimal im Jahr abgehalten wurden. Einer zu Mittfasten, der vierzehn Tage dauerte, die beiden anderen zu Sankt Ägidi (2. September) und Sankt Andreas (30. November), die sich jeweils über acht Tage erstreckten. Über Jahrhunderte hinweg war das Bozner Heilig-Geist-Spital ein bedeutender Weinproduzent, der weit über die Grenzen Tirols tätig war. Das Spital hatte für seine Dienste an Armen und Kranken neben Bargeld und Naturalien auch Weinzinse bezogen, aber es besaß auch eigene Weingüter, die einen großen Ertrag brachten. Wie aus dem Theresianischen Kataster von 1776 hervorgeht, wies das Landgericht Gries und Bozen eine dem Weinbau gewidmete Fläche von 857 Hektar aus. Davon hatte das Heilig-Geist-Spital zwischen Zinsgütern und selbstbewirtschafteten Rebanlagen einen Anteil von 87 Hektar. Die Einnahmen durch den verkauften Wein erreichten im Jahre 1670 einen Spitzenbetrag von 4133 Gulden, was rund ein Drittel des Gesamteinkommens des großen Spitals ausmachte.[40]

In späterer Zeit lag der Weinhandel in den Händen alteingesessener Familien, die meist selbst große Weingüter besaßen. Die »Weinherren«, wie man sie mit einem gewissen Unterton bezeichnete, übernahmen von den Bauern die Maische, verarbeiteten sie und belieferten die heimischen und benachbarten Märkte. Bei der Maischelieferung erhielten die Bauern eine Anzahlung, zu Mariä Lichtmeß (2. Februar), Georgi (23. April) weitere Teilzahlungen, und zu Jakobi (25. Juli) des folgenden Jahres wurde nach dem »Weinritt« der Maischepreis festgelegt und die ganze Lieferung abgerechnet. Diese Zahlungsweise hat sich bis in die heutige Zeit erhalten, nur daß in einer vierten Rate zu Martini (11. November) die Endabrechnung der vorjährigen Maischelieferung erfolgt. Zu Martini benötigten die Bauern dringend Geld, da sie an diesem Stichtag ihren Verpflichtungen nachzukommen hatten. Das Dienstpersonal mußte zu Martini entlohnt werden, da gab es keinen Pardon. Wenn ein Bauer an diesem Tag nicht zahlen konnte, war es um seinen guten Ruf geschehen. Nicht umsonst lautet ein Sprichwort: *Herr Martin ist ein harter Mann, für den, der nicht bezahlen kann!*

Weinritt nannte man den Besuch, den die Weinhändler alljährlich um Jakobi ihren Kunden abstatteten, um offene Rechnungen zu kassieren und neue Aufträge entgegenzunehmen. Erwähnenswert ist ein »Weinritt«, den die Girlaner Weinhändler Johann und Franz Brigl unter dramatischen Umständen im Sommer 1809 unternahmen. Unmittelbar nach der am 31. Juli 1809 im Gebiet Altenburg bei Eppan erfolgten offiziellen Kundmachung vom Waffenstillstand mit dem Abzug der österreichischen Truppen aus Tirol begaben sich die beiden Weinhändler auf den überfälligen Weinritt. Wegen der unsicheren Lage auf der Brennerstraße reisten sie über Meran nach Mals und Landeck. Dort herrschte große Furcht unter der Bevölkerung, und sie erfuhren, daß in Imst die Franzosen seien. Von Imst machten sie einen Abstecher zu den Kunden nach Nassereith, Außerfern und Biberwier, wo man von den Räubereien bei Murnau und von Exekutionsgeschichten zu Leermoos und Biberwier wußte. Nach der Rückkehr nach Nassereith reisten sie weiter nach Innsbruck, Wattens und Hall, um mit ihren dortigen Kunden abzurechnen. Über die Ausschreitungen, die sich die Aufständischen in Innsbruck zuschulden kommen ließen, wird vermerkt: *Die meisten (Bauern) blieben aber in der Stadt; viele begingen Exzesse mit Plünderungen und Mißhandlungen, die der Sandwirth nicht zu hindern vermochte.* Am 18. August traten die beiden Brigl die Rückreise über den Brenner an, und es bot sich längs der Reichsstraße ein trauriger Anblick der Verwüstung.[41]

Der vieldiskutierte Jakobipreis, ein auf Treu und Glauben basierendes Übereinkommen, erwies sich für Weinbauern und Gastwirte nicht immer als Vorteil. Die Wirte wurden von den Händlern im Frühjahr mit Wein beliefert, den sie verkaufen mußten, ohne genau zu wissen, was er sie kostet, denn der Preis wurde erst zu Jakobi (25. Juli) festgelegt. In derselben Ungewißheit lebten die Weinbauern, die für die gelieferte Maische zwei Drittel Anzahlung bekamen, der Rest aber wurde von dem beim Weinritt erzielten Jakobipreis abhängig gemacht. Da jeder Partner auf seinen Vorteil bedacht war, kam es bei der Bestimmung des Preises schon zu heftigen Differenzen, die letztlich gerichtlich vereidete Schätzleute zu schlichten hatten, indem sie den wahren Wert des Weines festlegten. Im großen und ganzen funktionierte das System aber doch, denn beide Teile waren ja an einer Fortführung der Geschäftsbeziehung interessiert.

Die meisten Bauern, die früher selbst eingekellert hatten, überließen nunmehr die Verarbeitung und Vermarktung des Weines den Händlern. Dies bedeutete einerseits eine große Entlastung, andererseits brachte es sie in eine völlige Abhängigkeit gegenüber den Weinhändlern. Die nicht mehr benötigten Kellergeräte wurden verkauft und die Kellerräume teilweise verbaut, so daß eine Umkehr zum Selbsteinkellern nicht mehr möglich gewesen wäre.

Mit der 1867 in Betrieb genommenen Brennerbahn eröffneten sich neue Absatz- und Einkaufsmärkte, und so entstanden neue Weinhandelsfirmen, die den bisherigen Weinherren eine harte Konkurrenz bringen sollten. Für den Tiroler Weinbau brachen schwere Zeiten an. Die Masseneinfuhr italienischer Billigweine führte zu einem Preisverfall, dem erhöhte Produktionskosten, auch im Hinblick auf die notwendig gewordene Schädlingsbekämpfung, gegenüberstanden. Durch gewissenloses Verhalten einiger Weinverkäufer, die minderwertige Weine unter Mißbrauch der Bezeichnung »Tiroler« auf den Markt brachten, wurde dem Tiroler Wein großer Schaden zugefügt.

In dieser wirtschaftlichen Notlage hatten die Weinhändler die Keller voll mit Wein und konnten den Bauern die Maische oft nicht mehr abnehmen. Die Bauern mußten mit ihrem beladenen Fuhrwerk vor der Kellerei den ganzen Tag in der Ungewißheit warten, ob man ihnen die Maische noch abnehmen würde. Es kam wiederholt vor, dass sie am Abend vor die Wahl gestellt wurden, entweder die Maische zu einem Spottpreis abzugeben oder unverrichteterdinge nach Hause zu fahren. Da letzteres unmöglich war, blieb ihnen nichts anderes übrig, als sich dem Preisdiktat des Weinhändlers zu beugen. Die Weinhändler befanden sich gewiß in einer schwierigen Situation, aber manchmal verhärtete sich der Verdacht, daß es der eine oder andere übers Herz brachte, die Not der kleinen Weinbauern schändlich auszunützen.

Über die mißliche Lage des Weinhandels konnte auch ein erfreulicher Bericht über die Land- und forstwirtschaftliche Ausstellung in Wien nicht hinwegtäuschen. Der Korrespondent schreibt, daß sich der Tiroler Wein gegenüber der großen Konkurrenz mit Erfolg behaupten konnte. *Die in der schmucken Jenesier Tracht gekleidete Bozner Repräsentantin, die lustige Peperl, ist zum Liebling der Wiener geworden, man ist entzückt von ihren köstlichen Witzen und von ihrer Schlagfertigkeit. Nirgends hört man so herzliches Lachen, nirgends sieht man so fröhliche Gesichter wie vor der Bozner Weinkostloge.*[42] Der Erfolg dürfte sich wohl mehr auf das Peperl als auf die Auftragsbücher der Weinhändler ausgewirkt haben.

In dieser schweren Zeit ergab sich die Notwendigkeit der Selbsthilfe, wollte man nicht den ganzen Tiroler Weinbau aufs Spiel setzen. Es sollte ein gemeinsamer Weg gefunden werden, der den Bauern einen gesicherten Absatz gewährleisten und sie von der Abhängigkeit der Weinhändler lösen sollte. Unter diesen Vorzeichen kam es am 23. April 1893 in Andrian zur Gründung der ersten Tiroler Kellereigenossenschaft mit 50 Mitgliedern und einer Einlagerungskapazität von 1800 hl Maische. Es folgten noch im gleichen Jahr Terlan mit elf Mitgliedern und 625 hl Maische und Neumarkt mit 73 Mitgliedern und 2866 hl Maische. Am 11. Dezember 1900 wurde der Verband der Kellereigenossenschaften Deutsch-Südtirols gegründet, der vorerst nur in technischen und administrativen Fragen beratend zur Seite stand. Am 1. Juli 1903 nahm der Verband dann mit der Einstellung eines Direktors seine Tätigkeit auf. Heute wird der Südtiroler Weinhandel zum Großteil über Kellereigenossenschaften abgewickelt, die rund 73 Prozent der jährlich anfallenden Traubenmenge vermarkten, der Rest entfällt auf die Handelskellereien (23 Prozent) und auf die Eigenbaukellereien (4 Prozent). Südtirol exportiert gegenwärtig knapp die Hälfte seiner Weinproduktion. Traditionelle Abnehmer sind Deutschland, Österreich und die Schweiz. Nachdem diese Länder selbst bedeutende Weißweinproduzenten sind, werden dorthin hauptsächlich Rotweine exportiert.[43]

Maischeverladung am Bahnhof von Sigmundskron. Links im Vordergrund der Beauftragte der Kellerei beim Messen der Zuckergrade. Die vielen Transportfässer lassen darauf schließen, daß um die Jahrhundertwende große Mengen an Maische versandt wurden.

WEINFUHREN UND FUHRLEUTE

Früher war der Warentransport mit großen Schwierigkeiten verbunden, alles mußte auf dem Rücken getragen oder mit Pferdekraft befördert werden. Wegen der schlechten Wege gab es anfangs nur Saumladungen; erst mit dem Ausbau der Straßen wurden die Wagenlieferungen möglich.

Mit dem Einsetzen des Handelsverkehrs im 14. Jahrhundert und des immer stärker werdenden Fuhraufkommens mußte eine Regelung getroffen werden, die den Kaufleuten die Sicherheit auf den Straßen gewährleistete. König Albrecht I. verlieh den Grafen von Tirol die Oberhoheit über die Straßenzölle, verpflichtete sie aber zugleich, für die Sicherheit und Instandhaltung der Straßen zu sorgen. Im oberen Vinschgau entwickelte sich ein eigener Fuhrwerksbetrieb, das »Rodwesen«. Die den Warentransport begleitenden Spediteure (Gutfertiger) mußten für ausreichend Gespanne und Fuhrpersonal sowie für die Unterkunft in den längs der Straße errichteten »Ballhäusern« sorgen.

Der Transport der Weinfässer vom Etschtal nach Innsbruck oder noch weiter war sehr aufwendig. Nach dem Bau des Kuntersweges dürften schon Fuhrwerke mit einer Last von ungefähr 1000 kg über den Brenner unterwegs gewesen sein. Später richtete man sich nach dem Ladegewicht der Reichenhaller Salinenverwaltung, das mit 35 Zentnern (1,75 Tonnen) festgelegt war. Stift Benediktbeuern errechnete die Kosten für eine Weinladung von 1750 kg mit 155 Gulden. Dies belastete den Weinpreis mit zirka neun Kreuzern pro Liter, was einem Transportkostenanteil von ungefähr 64 Prozent entspricht.[44]

Die Fuhrleute bildeten einen starken Berufszweig, der seine Rechte zu wahren wußte. Wegen der als zu gering empfundenen Entlohnung legten sie sich schon mit den herrschaftlichen Verwaltern an und erreichten durch hartnäckige Interventionen so manches Zugeständnis. Während der Fahrt erhielten die Fuhrleute für den Eigenbedarf ein festgesetztes Quantum Wein, das sie in einem kleinen Fäßchen, dem »Bitterle«, am Kutschbock mitführten. Manchmal ging der Vorrat vorzeitig zu Ende, und in solcher Not kam es schon vor, daß die Fässer angezapft und mit Wasser aufgefüllt wurden. In diesem Zusammenhang ermahnten die Regierung und die landesfürstliche Kammer am 29. Oktober 1627 mehrere Pflegeverwalter und Richter, gut achtzugeben, daß durch die Fuhrleute, die den Wein von der Etsch nach Innsbruck führen, die Fässer nicht angestochen oder die Weine verfälscht werden. *Weil der Regierung und der Kammer bekannt wurde, daß nicht nur die Fuhrleute für sich selbst den Wein unterwegs anstechen und stark trinken, sondern auch anderen, wie Peitschenschnöllern, Wegmachern, Schmirbern (Wagenschmierern), Rädermachern, Schmieden und dergleichen Personen zum Trinken geben.*[45]

Bei dem mehrere Tage dauernden Transport über den Brenner war die Versuchung des »Anzapfens« besonders groß, und die Ausschreitungen erreichten ein unerträgliches Maß, so daß dagegen angekämpft werden mußte. Die Hofkammer empfahl, einen *regulierten Landt Militia Corporal* mit sechs Mann nach Lueg (Zollstation nördlich des Brenners) und ebenso zum Zoll in Mauls, wo die große Gefahr der »Weinschlemmerei« zu befürchten war, zu verlegen, damit er fleißig patrouilliere. Weil aber bei den Soldaten mehr Exzesse als bei den Fuhrleuten zu befürchten waren, hielt es die Regierung für besser, neue Überreiter (berittene Aufseher) zu bestellen und zu verpflichten.[46]

Zur Ehrenrettung der Fuhrleute muß aber gesagt werden, daß sie einen schweren und gefährlichen Dienst zu verrichten hatten. Abgesehen von

Überfall bei Füssen auf einen nach Augsburg bestimmten Weintransport (Südtiroler Weinmuseum, Kaltern)

Markus Khan Wirth von Untergsies ist im Jahre 1715 in Monath May unter Gottes Leitung mit 4 trächtigen Pferden nach Etschland gefahren, um Wein einzukaufen. Während dieser Reise haben alle 4 Pferde über Nacht bey Auer nächst Botzen junge geworfen, in der Fruh fand Markus Khan im Stalle 4 Fullen. Bey diesen freudigen Ereignisse machte er das Versprechen, daß er, wen er von hier mit den 4 Pferden und den 4 Fullen und dem geladenen Wagen über Toblach gegen Frandeiggen nach Hause kome bey denselgenanten alten Stökl bey Frandeigen zur Dankbarkeit der Gnaden-Muter Maria Hilf eine Bohrtafel machen zu lassen.

Renoviert 1854 durch Joseph Khan von Untergsies.

Mit vier Pferden ausgezogen und mit acht zurückgekehrt! Dieses kleine Wunder ereignete sich während eines Weintransportes, der von Auer ins Pustertal und über Frondeigen bei Toblach nach Sankt Martin in Gsies führte und bei dem alle vier Pferde ein Fohlen zur Welt brachten.

den Strapazen, denen sie ausgesetzt waren, mußte immer wieder mit unangenehmen Überraschungen gerechnet werden. Bei den schlechten, steinigen Wegen traten öfters Schäden am Fahrzeug und am Geschirr auf. Wenn ein Rad oder eine Achse brach, mußte an Ort und Stelle repariert und der Wagen teilweise entladen werden. Wie das nebenstehende Bild veranschaulicht, waren sie auch räuberischen Überfällen ausgesetzt und mußten froh sein, wenn sie in solchen Fällen mit heiler Haut davonkamen.

WEINAUSSCHANK IN PFARRHÖFEN UND KLÖSTERN

Wie bereits an anderer Stelle erwähnt, spielten die Klöster in der Weinwirtschaft eine bedeutende Rolle. Oft beschränkte man sich nicht nur auf den ansehnlichen Eigenbedarf, sondern trieb auch einen regen Handel und unterhielt einen eigenen Ausschank. Im Chorherrenstift Neustift bei Brixen lebt diese Tradition heute noch weiter.

Eine Besonderheit bildete das Weinausschankrecht in der Bozner Pfarrkirche. Zur Förderung des Kirchenbaues verlieh Herzog Albrecht III. von Österreich 1387 dem Bozner Kirchpropst das Alleinrecht des Weinausschankes während einer beliebig festzusetzenden Woche nach Pfingsten. An diesen Tagen besaß die Pfarre ein regelrechtes Monopol, denn es durften in den drei Gerichten weder ein Adeliger noch Bürger oder Bauer Wein ausschenken. Der Verkauf des aus den eigenen Gütern stammenden Weines erfolgte am »Leitacher Törl«, dem schönen, mit Weinsymbolen geschmückten Seitenportal der Bozner Pfarrkirche. Das Weinschankprivileg der Bozner Pfarrkirche war von besonderer Bedeutung, denn in der Bischofsstadt Brixen durften die Domherren wie die andere städtische »Pfaffheit« ihren Wein nicht »schenken« (im kleinen verkaufen), vielmehr nur fuder- oder yhrenweise verkaufen.[47]

Der Wirtshausbetrieb in den Pfarrhöfen war schon immer ein Stein des Anstoßes, denn man sah darin eine moralische Unverträglichkeit mit der Person eines Seelenhirten und überdies eine unliebe Konkurrenz, die besonders von den Städten und Märkten bekämpft wurde. Aber diese einfachen Verpflegungsstätten hatten durchaus ihre Berechtigung. In entlegenen Berggemeinden war das Pfarrwirtshaus als eine Art Hospiz anzusehen, in dem Wallfahrer oder Reisende eine billige Verpflegung und Unterkunft fanden, eine Möglichkeit, die sonst in weitem Umkreis fehlte. In Nordtirol gab es Pfarrgasthäuser in Gschnitz, Obergurgl, Vent, Navis, Villgraten. In Südtirol gab es Pfarrwirte u. a. in Pflersch, Sankt Georg in Afers, Durnholz, Verdings ober Klausen, in Telfes bei Sterzing und in Sankt Kassian im Gadertal. Einige davon waren noch bis in die jüngste Zeit in Betrieb. Der Herr Pfarrer war also nicht nur für die kirchlichen Belange zuständig, sondern hatte auch für das

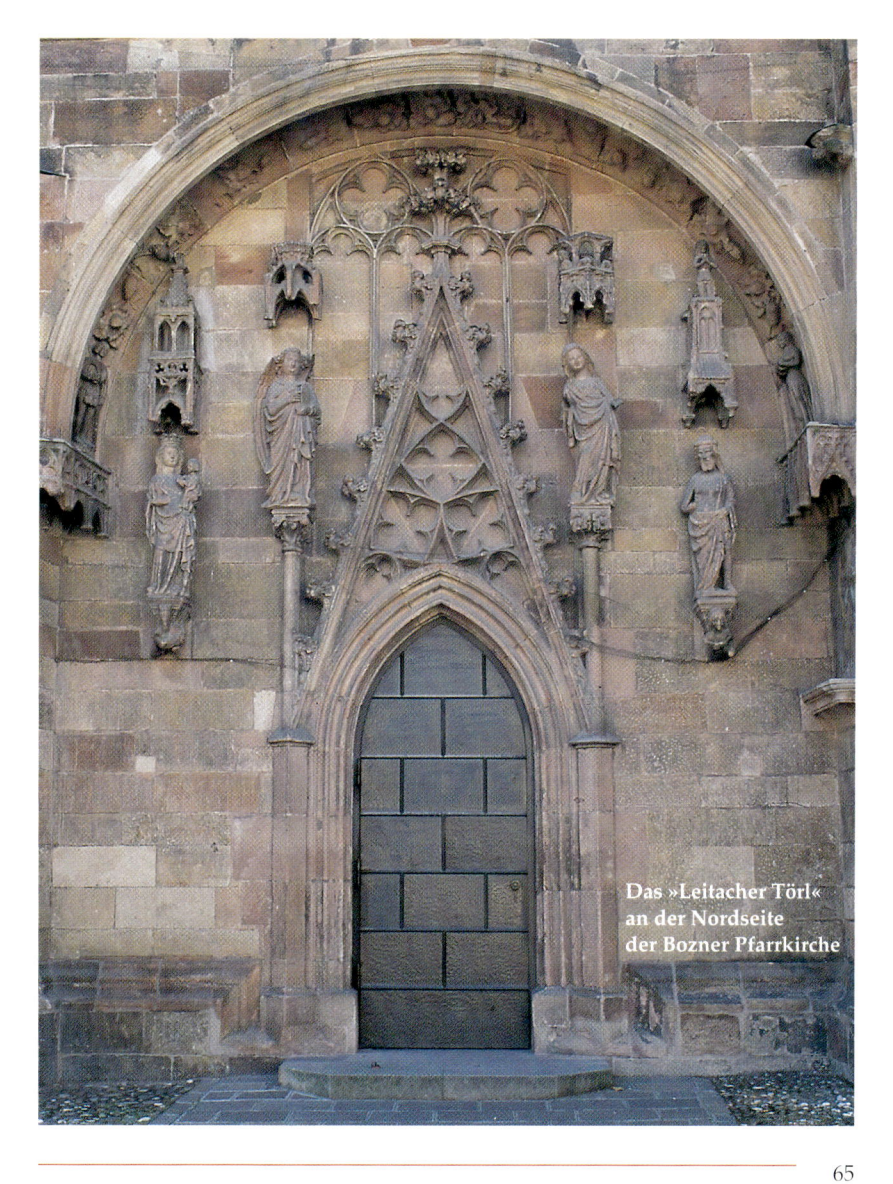

Das »Leitacher Törl«
an der Nordseite
der Bozner Pfarrkirche

leibliche Wohl der Gäste Sorge zu tragen. Unter den Pfarrherren, denen diese Doppelfunktion zugeteilt war, gab es wahre Originale, die mit den Leuten gut umzugehen wußten und allgemein beliebt waren. Einmal haben Wanderer, die im Pfarrgasthaus Durnholz eingekehrt waren, folgende Szene beobachtet. Der Herr Pfarrer saß mit einigen Bauern angeregt beim Kartenspiel, als die Häuserin zur Tür hereinkam und sagte: »Herr Pforrer, do isch jemand draußen.« »Wos will er?« wollte der Pfarrer wissen. »Beichten!« war die Antwort. »Sogsch ihm, er soll worten, i kim glei!«, und zu den Kartenspielern gewandt: »Tiat's lei derweil geben, i bin glei wieder do.« Sprach's, rollte den blauen Schurz auf, den er im Gasthaus trug, und entschwand, um nach kurzer Zeit wiederzukommen.[48] Es soll dem Herrn Pfarrer ja nichts unterstellt werden, aber die ermahnenden Worte nach dem Sündenbekenntnis dürften in diesem Falle wohl etwas kürzer ausgefallen sein.

Manchmal gab es auch unerfreuliche Vorfälle. Als es im Pfarrhof zu Villgraten einmal zu einem Raufhandel mit blutigem Ausgang kam und auch der Herr Pfarrer seinen Teil abbekam, gab die Innsbrucker Regierung am 10. Jänner 1614 folgende Erklärung ab, der eine gewisse Logik nicht abzusprechen ist: *Ja es wer den Priestern und Geistlichen vil rüemblicher, auch bey den Layen auferbaulicher, da dieselben irer anvertrauten Seelsorg alleinig abwarteten und das Wurtschafft-Halten oder Weinschencken den Weltlichen überliessen, dann da der Pfarrer nit Wirtschaft gehalten, were er in seinem Widem ohnmolestiert verbliben!*[49]

Nicht in direktem Zusammenhang steht der eigenartige Brauch des Widum- und Kloster-»Stürmens«. Das Widumstürmen bestand vielfach darin, daß die zur Pfarrei gehörenden Einwohner zu gewissen Zeiten ihrem Pfarrherrn einen Besuch abstatteten, dem ein zum Schein unter Maskierung unternommener Sturm auf das Widum voranging. Nach der »Einnahme« mußten die Eindringlinge vom Pfarrherrn vor allem mit Wein bewirtet werden. In Tramin war der Brauch noch 1681 in vollem Gange, während in Eppan bereits 1518 die Abschaffung des Widumstürmens eingeleitet wurde. Das größte Spektakel war die Stürmung des Klosters Wilten in Innsbruck, an dem bis zu siebenhundert Personen teilgenommen haben. Mitte des 16. Jahrhunderts sind bei einer solchen Klosterheimsuchung zehneinhalb Hektoliter Wein aufgegangen.[50]

VOM FÄLSCHEN, PANTSCHEN UND SCHÖNEN

Der edle Traubensaft ist schon in alten Zeiten manipuliert worden; man hat ihn mit Heil- und Gewürzkräutern versetzt, um ihm mehr Kraft zu geben und wohl auch haltbarer zu machen. Sogar Meerwasser wurde ihm zugesetzt. Auf der durch die Ärzteschule und Hippokrates berühmt gewordenen ägäischen Insel Kos soll dieses Verfahren erstmals angewandt worden sein und dürfte auch viele Fälscher inspiriert haben. Diese Sitte war auch bei den Römern weit verbreitet, und Feinschmecker unter ihnen behaupteten sogar, daß der Wein ohne Salzwasser gar nicht schmackhaft werden könne. Marcus Portius Cato der Ältere, der Autor des bahnbrechenden Werkes über den Ackerbau, bereitete seinen eigenen Wein nach folgendem Rezept zu: 10 Teile Most, 2 Teile scharfer Essig, 2 Teile eingedickter Most, 50 Teile süßes Wasser und $1^{1}/_{4}$ Teile Meerwasser. Cato meint dazu zuversichtlich: *Dieser Wein wird sich halten bis zur Sommersonnenwende; wenn aber dann noch etwas übrig ist, wird es der schärfste und schönste Essig sein.*[51]

Der Wein wurde zu einem überall begehrten Produkt und bedeutenden Handelsobjekt, das der Nachfrage kaum mehr nachkommen konnte. Kein Wunder, daß dies Fälscher und Pantscher auf den Plan rief, die mit unlauteren Mitteln einen Gewinn zu erzielen suchten. Man nutzte die große Nachfrage und vermischte den Wein mit minderwertigen Sorten, eine sträfliche Manipulation, die man durch die Zugabe von verschiedenen Würzstoffen zu verdecken versuchte. Was da alles zum »Aufbessern« in den Wein gegeben wurde! Hier einige »Gemächte«, wie man diese Zugaben nannte: Tannenzapfen, Holzäpfel, Eichgallen, Hirschhorn, Eiklar, Speck, Schweinefleisch, Senfkörner, Kalk, Sand, Lehm, gebrannter Ton, Waidasche, Buchenspäne, Bleistücke. Den Fälschern wurde es allerdings nicht leicht gemacht, denn die Behörden waren wachsam und belegten die Übeltäter mit drakonischen Strafen. Die Tiroler Landstände wandten sich 1474 an den Landesfürsten, damit er den Kauf und Verkauf des Pulvers »Rochetta« verbiete. Wahrscheinlich handelte es sich dabei um *Roccella tinctoria*, eine Lackmusflechte, die zum Färben von Wein verwendet wurde.[52]

Aber auch in unserer Erinnerung stehen noch Weine mit klingendem Namen, aber dubioser Herkunft, die bis zur DOC-Regelung auf den Markt kamen. So brauchte man sich nicht zu wundern, wenn einen nach solchem Weingenuß am nächsten Tag starke Kopfschmerzen begleiteten. Dank der rigorosen Produktionsvorschriften und Kontrollen gehören solche Vorfälle der Vergangenheit an. Heute kann man den Weinen unbesorgt vertrauen.

Die einfachste und lange Zeit bei so manchem Gastwirt praktizierte »Vermehrung« des Weines war das »Taufen« mit Wasser. Manchmal wurde ein bißchen zuviel des Guten getan, und es ist schon vorgekommen, daß die enttäuschten Gäste den »Lichtentaler« vor den Augen des Wirtes in die das Stubenfenster zierenden Blumentöpfe gossen. Zur Zeit der alten Griechen und Römer zählte es zwar zur Selbstverständlichkeit, den Wein mit Wasser zu vermischen, heute aber will der Gast – wenn schon – diese Verlängerung selbst vornehmen, oder man bestellt gleich schon einen »Gspritzten«.

Verständnis kann man aufbringen, wenn im bäuerlichen Bereich etwas »aufgebessert« wird, indem der Maische geringe Mengen an Zucker zugesetzt werden. Eine etwas ausgefallene Methode, wie sie von einem Eisacktaler Bauern, vielleicht auch von anderen, praktiziert wurde, ist die Beimengung des Saftes abgekochter Holunderbeeren. Der Wein bekam eine schöne Farbe, und die etwas zu betonte Herbheit des bäuerlichen »Gemischten Satzes« wurde vom Zuckergehalt der schwarzen Beeren etwas abgeschwächt. Bei vorsichtiger Dosierung blieb dieser Kunstgriff unbemerkt, und das Ergebnis gab keinen Anlaß zu Beanstandungen. Es war eben ein streng gehütetes Geheimnis des bäuerlichen Kellermeisters, auf das er sich verlassen zu können glaubte. Als einmal der Breitnerbauer seinen Nachbarn den neuen Wein zum Verkosten anbot und die schöne Farbe des in diesem Jahr besonders gut geratenen Weines hervorhob, bemerkte einer tiefsinnig: *Huier hosch ober decht a wia zuviel Holer derwischt!*

DER BÄUERLICHE EIGENBAUWEIN

Der Weinbauer hat für seine Maische einen festen Abnehmer, den Weinhändler oder die Genossenschaft. Dieser den strikten Qualitätsvorgaben unterworfene Verkauf bildet meist sein einziges Einkommen, und somit ist der Bauer bemüht, nur die beste Qualität anzuliefern. Das »Guete« wird also verkauft, und der Überhang – im untersten Qualitätsbereich das »Saure« oder »Fuchsete« genannt – wird für den Hausgebrauch eingekellert. Das Ergebnis ist ein leichter, süffiger Wein, der bekömmlich ist und die schwere Arbeit nicht beeinträchtigt. In Villanders und an anderen sonnigen Hängen, wo noch Reben gedeihen, hat fast jeder Bauer einen kleinen Weinberg oder auch nur einige Ackerpergeln. Bei der Vielfalt dieser kleinen und kleinsten Weinproduzenten gibt es natürlich unterschiedliche Qualitäten. Nicht jeder hat eben das gleiche Geschick und dieselben Voraussetzungen. Deshalb wird in Kennerkreisen ein wirklich guter Tropfen auch so geschätzt. Es ist ein besonderer Genuß, wenn man beim jungen Wein den typischen Trestergeschmack wahrnehmen kann. Dies ist darauf zurückzuführen, daß die Bauern den Wein erst im Januar von den Trestern abziehen. Diese leisten dann noch einen guten Dienst, wenn sie zum Schnapsbrennen verwendet werden und die Grundlage für den vielbegehrten »Treber« bilden.

Früher bereitete man durch das Abpressen der vergorenen Maische noch einen »Druckwein«. Nach Plinius gab es sogar einen zweiten und dritten Nachwein; es war das Getränk der Sklaven und Taglöhner. Ende des 19. Jahrhunderts setzte sich bei unseren Bauern ein anderes Verfahren durch. Die vom abgezogenen Wein im Stander zurückgebliebenen Trestern wurden unter Zugabe von etwas Zucker mit Wasser aufgegossen und einer nochmaligen Gärung zugeführt. Das Ergebnis dieser äußersten Nutzung erhielt den eigenartigen Namen »Leps« und war ein bekömmliches, durststillendes Getränk, das vor allem bei der sommerlichen Feldarbeit in kleinen Trinkfäßchen, den »Bitterlen«, mitgeführt wurde.

Die außerhalb der Rebenlandschaft gelegenen Bauern hatten für den Wein eigene Bezugsquellen, darunter auch beim Breitner in Villanders, wo Jahr für Jahr die Weinfässer auf »Protzen« geladen und mit den Pferden

Die Größe der »Bitterlen« richtete sich nach der Anzahl der Arbeiter und wohl auch nach dem Durst, an dem die Mannschaft zu leiden hatte. (Gerätemuseum Kurtatsch)

nach Kastelruth geliefert wurden. Die Bauern wußten schon, wo es einen guten Tropfen gab, und die Katze wurde ja nicht im Sack gekauft, weil vorher ausgiebig gekostet wurde. War man sich dann einig, wurde der Wein vom Faß abgezogen und umgeladen. Vor der Abfahrt tischte der Weinbauer ein kräftiges Essen auf, und dem guten Rebensaft wurde oft reichlich zugesprochen. So kam es, daß einmal nach so einem Eisacktaler Weinhandel auf dem Heimweg das Fuhrwerk umkippte, das Faß samt Inhalt im Bach landete und so das bestens vorbereitete Transportunternehmen nicht zum Ziel führte.[53]

An der Schwelle zwischen Hell und Dunkel mißt der Bauer mit scharfem Blick, bei welchen Gästen der Wein zur Neige geht und deshalb ein Nachschub erwünscht sein könnte. Daß es hier im Keller keine Selbstbedienung gibt, dürfte klar sein.

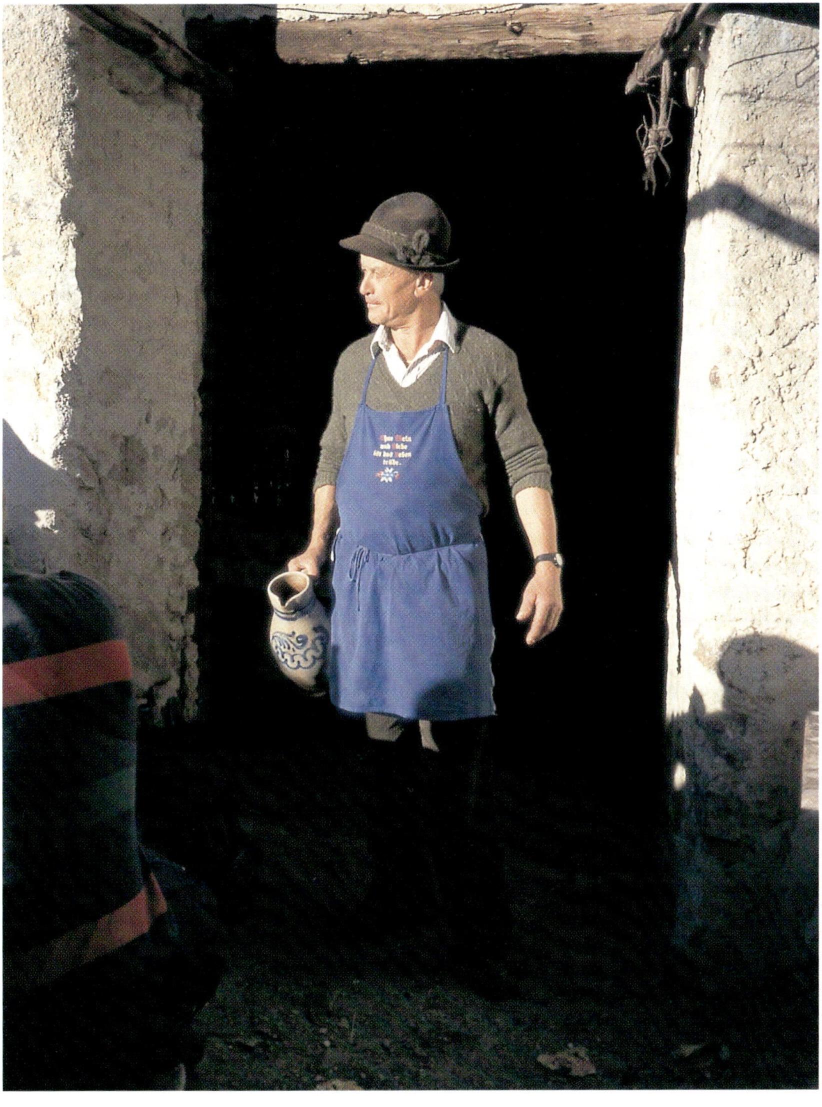

DIE ESSIGMUTTER

Der Essig ist so alt wie der Wein, und seine erste Erzeugung entsprach gewiß nicht einem Wunsche. Es ist eine simple Tatsache, daß aus einem naturbelassenen Wein, wenn man ihn offen stehenläßt, mit der Zeit Essig wird. Essigbakterien lassen den Alkohol zu Essigsäure oxydieren. Schon in der Antike war der Essig sehr geschätzt und fand eine vielseitige Verwendung. Er diente zur Bereitung saurer Speisen, zur Haltbarmachung von Fleisch und Gemüse und, verdünnt mit Wasser, als durststillendes Getränk bei der Feldarbeit. Römische Legionäre erfrischten sich auf ihren Märschen mit einer »Posca«, wie diese Essiglimonade genannt wurde, die allgemein als Getränk des einfachen Mannes galt. Essig war auch als Arzneimittel sehr geschätzt, es wurden damit Wunden gesäubert, Umschläge angebracht, Insektenstiche und Schlangenbisse behandelt. Bereits die Römer verwendeten den Essig zum Reinigen von Leitungen, wie er auch heute noch von manchem im stillen wirkenden Schnapsbrenner nach getaner Arbeit zum Reinigen der Kupferleitungen verwendet wird. Umweltbewußte Hausfrauen benützen ihn zum Fensterputzen, ebenso beim Waschen von Wollsachen. Die Reihe ließe sich beliebig fortsetzen. Als Kuriosum sei eine Mitteilung erwähnt, die der berühmte Schneckenpfarrer Florian Schrott dem Künstler Hans Prünster machte. Als junger Kooperator in Tisens hatte er beobachtet, wie man bei Bauarbeiten an der Pfarrkirche riesige Mengen von Essig heranschaffte und mit dem Mörtel vermischte. Wahrscheinlich ließ der Essig den Kalk besser versintern, als es mit Wasser der Fall gewesen wäre.

Als Heilmittel für verschiedene Beschwerden genießt der Essig heute noch ein gewisses Ansehen. Der mit Lavendelblüten versetzte »Spiggetessig« war ein probates Hausmittel und wurde bei Herzklopfen, Angstzuständen und starkem Fieber eingesetzt. Schließlich sei noch darauf hingewiesen, daß der Essig auch bei den feinen Damen im vorrevolutionären Frankreich sehr geschätzt wurde. Die mütterlich besorgte Madame de Sévigné (1621–1696) gab ihrer Tochter in einem ihrer unzähligen Briefe folgenden Ratschlag: *Halte stets die Moral fest in den Händen und das Riechfläschchen mit Essig angefüllt unter die Nase, um niemals im Leben Schiffbruch zu erleiden …*[54]

Eine Besonderheit stellt der nach alter Tradition und in aufwendigem Verfahren im Gebiet von Modena und Reggio Emilia hergestellte »Aceto balsamico« dar. Dieser echte aromatische Essig, der mit billigen Nachahmungen und den herkömmlichen Essigsorten nicht zu vergleichen ist, stellt ein entsprechend teueres Luxusprodukt dar, das sogar auf Auktionen gehandelt wird und astronomische Preise erzielen kann.

Aber bleiben wir bei unserem Weinessig; Ausgangspunkt ist die »Essigmutter«. Diese aus Essigbakterien zusammengesetzte Essighefe bildet sich an der Oberfläche eines unbehandelten Weines und sinkt dann langsam zu Boden. Diese Essighefe läßt den Alkohol zu Essigsäure oxydieren. Gibt man einen Teil dieser Essighefe in einen Naturwein, läßt diese den Alkohol zu Essigsäure oxydieren, und er wird somit Essig. Die sich neu bildende »Essigmutter« vergrößert sich im Laufe der Zeit und kann wieder verjüngt werden. Je besser der verwendete Wein, desto besser der daraus gewonnene Essig. Wer sich einmal an den echten Weinessig gewöhnt hat, der kann an einem Industrieessig keinen Gefallen mehr finden. Es spricht für die Qualität eines Gastbetriebes, wenn neben den faden Dressings echtes Olivenöl und ein naturreiner Weinessig zur Verfügung stehen.

ALTE REBSORTEN

Zu den ältesten in Südtirol beheimateten und heute noch angebauten Rebsorten zählt zweifellos die Lagreinrebe. Der Name dieser schon im Altertum bekannten Weinrebe ist nicht, wie vielfach vermutet, auf das benachbarte »Lagarina« (Lagertal) zurückzuführen, sondern wird vom griechischen »lagaros«, was herabhängend bedeutet, abgeleitet.[55] In alten Urkunden wird neben dem roten auch der weiße Lagrein genannt. Einen »Weißen Lagrein« kann man sich heute kaum vorstellen, im 16. Jahrhundert hatte er jedoch offenbar eine größere Bedeutung. Im Jahre 1830 wird er laut Staffler das letztemal erwähnt. Das klassische Anbaugebiet des roten Lagrein sind die Böden von Bozen-Gries, wo sich noch ansehnliche Rebflächen erhalten haben; im sonstigen Raum Bozen sind die Lagreinanlagen fast gänzlich der sich schonungslos ausbreitenden Bauwirtschaft zum Opfer gefallen. Als der Bozner Bahnhof mit seinen ausgedehnten Gleisanlagen gebaut wurde, mußten die riesigen Weingüter des Besenstieler-Hofes geopfert werden.

Von anderen alten Rebsorten sind wohl nur mehr die Namen bekannt. Im Vinschgau haben sich aber noch Restbestände alter Lokalsorten erhalten, und man ist bemüht, deren Fortbestand zu sichern. Die wohl typischste Rebsorte ist dabei der »Fraueler«, eine weiße Traube, die regelmäßig hohe Erträge bringt, in bezug auf Zuckergrade jedoch weniger gelobt wird. Auch die Riesenrebe im Anger des Schlosses Katzenzungen bei Prissian, die eine Fläche von rund 300 m^2 bedeckt und einen Höchstertrag bis zu 700 kg erbracht haben soll, ist eine Frauelerrebe. Der »Rote Heunische«, die »Salzen« und »Partschnisner« gehören ebenso zu den Vinschger Raritäten.

Im Gebiet von Terlan trifft man in der Nähe der Gehöfte noch auf die »Unterrainer Rebe«. Sie ist vermutlich eine Lagreinhybride, die um 1890

Zu den nebenstehenden Abbildungen: links oben »Blatterle«, rechts davon »Furner« mit dem charakteristisch langen Stengel; links unten »Portugieser«, rechts davon eine alte Rebsorte, die im Lajener Ried als »Welschschwarze« bezeichnet wird. Eine zum Verschneiden genutzte Rebe, die mit anderen Namen, wie »Schwarze Hottler«, »Edelschwarze«, »Salzen« oder »Negrar«, in Verbindung gebracht werden könnte.

75

von einem Gärtner in Sigmundskron namens Unterrainer gezüchtet wurde. Sie ergibt einen dunklen Wein mit Fuchsgeschmack.[56]

Ein Urbar des Klosters Tegernsee aus der Zeit um 1500 enthält eine Reihe von Rebsorten, die im Etschtaler Anbaugebiet gebräuchlich waren: *An der Etsch sind mancherlei Weinreben als Muskateller, Vernetzer (Vernatscher), Lagrainer, die sein die besten; Pfefferwein, Heunisch, Madruschen, Schlafen, Verdolen, die sein die letzeren oder schlechteren.* Daß der Muskateller an erster Stelle steht, mag etwas verwundern; der Pfefferwein hingegen, der ja auch eine Muskatellervariante darstellt, wird zu den »letzeren« gezählt.

Die kleinbeerige Traube der »Weißterlaner«-Rebsorte, die den guten Ruf der Terlaner Weißweine begründet hat

Das sehr reichhaltige, 1805 Yhren (1380 hl) umfassende Kellerinventar des Erzherzogs Sigismund Franz zu Innsbruck vom Jahre 1665 verzeichnet in der Reihenfolge der Vorratsmengen folgende Sorten: Weißer Grieser Vergärner, Meraner Vergärner, Traminer Höpfwein, weißer Traminer Vergärner, roter Grieser Vergärner, weißer Trientner, Iserawein, roter Trientner, Alantwein, roter Traminer, Negger-(Negrara-)Wein, roter Missianer Vergärner, weißer Missianer Vergärner, Veltliner, roter Eppaner Vergärner, Meraner Höpfwein, roter Vernatscher, weißer Kalterer Vergärner, roter Margreiter Vergärner, Rosmarinwein, Königlohner, Marzeminwein, weißer Vernatsch, Planitzer Vergärner, Malvasir, Muskateller, Rheinwein. Den weitaus größten Anteil mit zirka 370 hl hat der weiße Grieser Vergärner. Bemerkenswert ist der relativ hohe Vorrat (ca. 42 hl) an Alantwein, der ansonsten nur als Medizinalwein verwendet wurde. Im Mittelalter galt der aus den Wurzeln dieser Heilpflanze hergestellte Medizinalwein als ein Universalmittel, das gegen Gift, Brust- und

Magenkrankheiten, Schlagfluß und Pest verwendet wurde. Auch vom Rosmarinwein hielt man die respektable Menge von zirka 8 hl.[57]

Als Kuriosum sei erwähnt, daß die Pfefferrebe – eine in Südtirol bekannte Spielart der Muskatrebe – auch als qualitatives Regulativ verwendet wurde, indem bei Neuanlagen zwischendurch eine Pfefferrebe gepflanzt wurde, die den mancherorts etwas kraftlosen Vernatsch »pfeffern« sollte.

Einen guten Weißwein liefert die Blatterlerebe. »Blatterle« erinnert in unserer Mundart an kleine Bläschen und somit an kleine Beeren; die Bezeichnung lehnt sich aber an die etwas geplattete Form an. Eine Besonderheit war die Jungferlerebe, die durch mangelhaftes Verblühen kleinbeerige, aber sehr süße Trauben reifen ließ, die zu Ausleseweinen verwendet wurden. Vor hundert Jahren ist der Bozner Jungferlewein auf der Jubiläumsausstellung in Wien und bei der Weltausstellung in Paris prämiiert worden.

Silbermedaille für den Südtiroler Jungferlewein auf der Weltausstellung in Paris im Jahre 1900

Der »Gschlafene« ist eine Rotweinsorte, die wahrscheinlich aus Slawonien eingeführt wurde, in Lana bereits 1320 als »Sclaf« erwähnt und in der Tiroler Landesordnung von 1526 als eine frühreife, unserer heutigen Vernatschrebe entsprechende Sorte bezeichnet wurde.[58] Der Heunische ist eine weiße und rote Rebsorte, die schon um 1500 erwähnt wird und von Ungarn über Deutschland nach Südtirol gebracht wurde. Man unterschied damals zwischen dem »huntschen« (ungarischen) und dem »frentschen« (fränkischen) Wein.

Die Portugiesertraube reicht bis in die höchsten Lagen Südtirols und bildet vielfach die Grundlage der aus dem »Gemischten Satz« bestehenden Bauernweine. Der früher angebaute »Furner Hottler« ist eine dem Kleinvernatsch ähnliche Sorte und dürfte im Eisacktal vor den nun vorherrschenden weißen Sorten den Hauptbestand dargestellt haben. Heute findet man Furnerreben noch vereinzelt im Lajener Ried.

TIROLER GASTWIRTSCHAFT

Sei willkommen, Fremdling, ließ Telemach die in Gestalt eines Fremden um Obdach bittende griechische Gottheit Pallas Athene begrüßen, und dieser Gruß sollte zum Leitspruch des ganzen Gastgewerbes werden.

Albert Stolz:
Der alte Rößlwirt in Bozen
(Südtiroler Weinmuseum, Kaltern)

In den von den Römern entlang der Post- und Heerstraßen errichteten »Mansiones« und »Stationes« fanden die privilegierten Gäste gute Unterkunft. Die allgemein zugänglichen Wirtshäuser sollen alles eher als komfortabel gewesen sein. Entlang der Durchzugsstraßen und Alpenübergänge entstanden Hospize, wo die Reisenden Herberge und medizinische Versorgung fanden. Das »Klösterle« in Sankt Florian bei Neumarkt stellt die imponierende Anlage eines solchen Pilgerhospizes dar.

Gasthöfe in unserem Sinne sind etwa im 13. Jahrhundert entstanden. Eine bedeutende Rolle spielten die an großen Straßen erbauten Fuhrmannsgasthöfe, die auch Pferde zum Wechseln und Vorspann bereithielten. Mit dem Aufkommen des modernen Postwesens im ausgehenden 15. Jahrhundert entstanden die Postgasthäuser, die einen weit höheren Komfort boten.

Früher gab es in den einfachen Gasthäusern nur einen weißen und einen roten Tischwein, höchstens noch einen »Spezial«, der etwas besser und

Das traditionsreiche Postwirtshaus »Zum Schwarzen Adler« in Atzwang

teurer war. Dennoch bot sich dem Gast mehr Abwechslung, da nicht überall ein gleich guter Tropfen aufgeschenkt wurde. Es sprach sich also herum, wo es einen besonders guten Wein gab. Heute läßt sich bei einem gewöhnlichen Tischwein ja kaum mehr erkennen, ob er aus Bozen, Meran oder Kaltern stammt. Im Winter gab es noch einen Glühwein, den »Gliederwein«, der die von Kälte steif gewordenen Glieder »auftauen« sollte.

Ursprünglich unterschied man drei Arten von Gasthäusern: solche mit Stallungen für den damaligen Reiseverkehr, die gewöhnlichen Landgasthäuser mit vier oder fünf Kammern und dann die Buschenschenken, welche im Herbst den eigenen Wein ausschenkten. Der ausgehängte Strauß aus Buchs war der Hinweis, daß zur Zeit »aufgschenkt« wurde.[59] In diesen einfachen, von Buschenwirten betriebenen Weinschenken durften keine gekochten Speisen angeboten werden. Wohl auf Betreiben der Gastwirte, die den Erfolg der Buschen nicht gerne sahen, denn nicht nur der einfache Arbeiter, sondern auch angesehene Bürger verkehrten gerne in diesen gemütlichen Lokalen. Man schenkte einen Weißwein und einen Rotwein und mancherorts auch Spezialweine auf. Es gab ungekochte Würste, Speck und die von den Grieser und Rentscher Bäuerinnen hergestellten »Bauernkaslen«. Dazu gab es gutes Brot, meist »Vorschlagenes« und Schnitten von den langen »AchtzehnerWeggen«, von denen einer ursprünglich 18 Kreuzer kostete. Er war mit Anis gewürzt und daher sehr schmackhaft. Zu den alten Bozner Weinbuschen gehörten der Pitschieler-Buschen, der Lackner-Buschen in der Fleischgasse, der heutigen Museumstraße, der Zallinger-Buschen, am oberen Obstplatz der Gugler-Buschen, in der Dominikanergasse, früheren Predigergasse und heutigen Goethestraße der Gansner- oder Mayr-Buschen, der weitum den besten Wein hatte. Als seine Spezialität galt der in Sankt Justina gereifte Jungferle-Wein. Gegenüber dem Löwenportal der Pfarrkirche war der Spital-Buschen, denn wo heute das Postgebäude steht, befand sich das berühmte Heilig-Geist-Spital. Der größte Buschen war der Telser-Buschen am Ende der heutigen Kapuzinergasse, wo einst das Bozner Parkhotel stand. Der große Garten mit Tischen und Bänken und einer Kegelbahn war immer gut besucht. Nach einem Begräb-

Der Mayr-Buschen in der Bozner Goethestraße

nis wurde hier der »Leichen-Pitschen« gehalten, bestehend aus Brot, Käse und Wein.[60]

Die Südtiroler Gastwirtschaft hat eine alte Tradition. Gaststätten, von denen viele Fuhrmannsgasthöfe waren, sind seit Generationen im Besitz der gleichen Familie, und die oft kunstvoll gearbeiteten Wirtshausschilder mit vertrauten Namen – Post, Krone, Lamm, Adler, Weißes Rößl – laden zur Einkehr. So mancher Gastbetrieb hat sich vom einfachen Wirtshaus zur renommierten Nobelherberge entwickelt. Dies trifft auf den Brixner »Elefant« in besonderem Maße zu. Aus der bereits 1419 erwähnten »Herberge am Hohen Feld« ist ein Hotel ersten Ranges entstanden. Auf der Durchreise von Venedig nach Augsburg nächtigte hier im Jahre 1551 der berühmte Elefant, den Sultan Soliman dem Sohn des römischen Königs Ferdinand zum Geschenk machte. Einige Gastbetriebe wurden zu einem Treffpunkt für Künstler, die »ihr« Lokal mit wertvollen Bildern schmückten, wie weiland das Bozner Batzenhäusl. Berühmt war die Künstlerstube beim Weißen Kreuz in Klausen.

Wirtshausschild zum »Weißen Rößl« in Kaltern

Eine Südtiroler Besonderheit ist das »Törggelen«, die herbstliche Einkehr bei einem Weinbauern, wo der neue Wein und andere Naturprodukte wie Kastanien, Nüsse, Speck, Hauswürste und sonst alles, was der Hof hervorbringt, angeboten werden. Es ist schon ein Hochgenuß, wenn man, müde von der Wanderung, irgendwo »zukehrt« und sich an den Köstlichkeiten aus Küche und Keller erfreuen kann. Oft führt der Heimweg an mehreren Buschenschenken vorbei, und es kann vorkommen, daß der eben gelöschte Durst wieder aufzuflackern beginnt. In solchen Fällen zieht's den

Wanderer mit fast magischer Kraft über die neue Türschwelle. Die leicht protestierende Gattin wird mit den Worten *lei no auf a Viertele* beschwichtigt, ein Versprechen, das meist nicht von langer Dauer bleibt.

Ein fast nicht mehr zu bewältigender Ansturm von Gästen aus aller Herren Länder hat in den bekannten und leicht zugänglichen »Törggelestationen« leider zu einer Betriebsamkeit geführt, die mit der ursprünglichen Gemütlichkeit nichts mehr gemein hat. Viele dieser bekannten Bauernwirtschaften sind einfach überfordert, und die eigenen Produkte reichen längst nicht mehr aus. Die wenigen Plätze, die von diesem Rummel noch verschont geblieben sind, werden verständlicherweise als Geheimtip gehandelt.

Der schöne Bauernhof des ehemaligen Mauracher-Buschens in Fagen/Gries

VOM UMGANG MIT DEM WEIN

Noah schläft seinen Rausch aus. (Marmorrelief am Baptisterium von Florenz)

Noah aber begann als Landwirt und pflanzte einen Weinberg. Als er vom Weine trank, ward er berauscht und lag entblößt in seinem Zelte (Gn 9, 20–21).
Der gute Noah dürfte die Tücken des Weines noch nicht gekannt haben, deshalb wurde ihm dieser »Ausrutscher« auch nicht weiters übelgenommen. Inzwischen wissen wir ja nur zu gut, welche Gefahren der Wein in sich birgt, wenn es auch leider oft den Anschein hat, als hätten wir es vergessen. Die Folgen eines übermäßigen Weinkonsums sind also altbekannt. Bei den alten Griechen war das Sich-Berauschen mit Wein verpönt, nur bei Dionysos-Festen war ein Schluck mehr erlaubt. Bei den Römern war der Weingenuß den »gestandenen« Männern vorbehalten. So war zur Zeit der Könige den Frauen sowie Männern unter 35 Jahren das Weintrinken verboten. So klar die Gesetze auch waren, der Argwohn der Männer blieb. Cato meinte, der römi-

sche Mann habe nur deswegen das Recht erhalten, seine weiblichen Verwandten zu küssen, um ihre Enthaltsamkeit vom Wein kontrollieren zu können. Dies konnte in der Tat nicht besser geschehen, als durch einen Kuß. All diese Vorsichtsmaßnahmen führten nicht immer zum Ziel, und im Mittelalter verfielen die Trinksitten zu unkontrollierten Saufgelagen, die in Wetttrinken und anderen Gewalttouren ausarteten. Auch in manchen Klöstern mangelte es an franziskanischem Geist.

Daß der Alkohol den Geist beeinflußt – ihn belebt oder lähmt –, ist eine alte Tatsache. Namhafte Schriftsteller und Künstler vermochten nur Großes zu leisten, wenn sie ein paar Gläschen intus hatten. In geselliger Runde kann man oft feststellen, wie bei einer anfangs ruhigen Unterhaltung die Stimmen zusehends lauter werden und das Lachen immer stärker wird, ja daß selbst Leute gesprächig werden, die sonst als wortkarg gelten.

Wenn man ab und zu auch einige Gläschen zuviel erwischt, dann werden sich die Folgen in Grenzen halten. Wenn man aber so richtig über die Schnur haut, dann hat man unweigerlich am nächsten Morgen einen »Kater«. Dieses einfache Wort umschreibt den elenden Zustand, der sich vom bösen Erwachen bis zum Wiedereintritt in den normalen Gemütszustand erstreckt. In besonderen Fällen gesellt sich zu den körperlichen Beschwerden noch ein Gewissenskonflikt, den man als einen »Moralischen« bezeichnet. Gegen den Kater wirkt im allgemeinen nur die Zeit, doch gibt es Hilfsmittel, die Linderung versprechen. Sie reichen vom altbewährten »Aspirin«, von kalten Umschlägen, vom Wermuttee bis zum Weizenbier – ja sogar dem Rollmops wird eine gewisse Heilwirkung zugeschrieben. Um dem allem vorzubeugen, sollen die alten Römer einige Eßlöffel Öl getrunken haben, ehe sie zu einem Gastmahl gingen.

Ein ernstes Problem unserer Zeit ist der Alkohol am Steuer, denn ein überwiegender Teil der Autounfälle ist auf übermäßigen Alkoholgenuß zurückzuführen. Jährlich lassen unzählige Menschen das Leben, weil der Alkohol die natürlichen Hemmschwellen außer Kraft setzt und die Fahrtüchtigkeit stark beeinträchtigt. Besonders Jugendliche sind dabei gefährdet und setzen ihr Leben – und das unbeteiligter Mitmenschen – aufs Spiel. Die nächtliche Heimfahrt nach einem Diskobesuch oder nach einem sonstigen feuchtfröhlichen Zusammentreffen wird den jungen Leuten immer wieder zum Verhängnis. Auch in der Familie kann der Alkohol traurige Verhältnisse schaffen. So betrachtet, ist der Alkohol eine sehr gefährliche Droge, denn er kennt keine Tabus und ist für jedermann zugänglich, ein Mißbrauch wird dadurch leichtgemacht.

Nun soll aber auch auf die heilende Wirkung des Weines hingewiesen werden. Der Wein war schon in der Antike als Medizin bekannt und erhielt nicht zu Unrecht die Bezeichnung »Königsarznei«. Süßer, mit Honig vermischter Wein galt in Mesopotamien als bewährtes Hustenmittel. Hippokrates (460–377 v. Chr.), der Schöpfer der klassischen antiken Medizin, rühmte den mit Wasser vermischten Wein als Heilmittel zur Behandlung von Kopfschmerzen, Verdauungsstörungen, Ischiasschmerzen, Wassersucht und vielen anderen Erkrankungen. Viele Ärzte verschrieben sich im 18. und in der ersten Hälfte des 19. Jahrhunderts der Weintherapie – einer Heilmethode, mit der sich auch heute noch so mancher anfreunden könnte.

Fest steht, daß ein Glas guter Wein dem Organismus gut bekommt und das Allgemeinbefinden verbessert, was besonders bei älteren Leuten zutreffen kann. Voraussetzungen für einen bekömmlichen Genuß sind aber das Maßhalten und eine einwandfreie, naturbelassene Qualität des Weines.

ÜBER DEN WAHREN GENUSS DES WEINES

Es liegen im Wein produktivmachende Kräfte sehr bedeutender Art, aber es kommt dabei alles auf die Zustände, und die Zeit und die Stunde an, und was dem einen nützet, schadet dem anderen. Mit diesen Worten spricht Goethe die Problematik an, die dem Wein nun einmal anhaftet, ihn zum Nutzen oder zum Schaden werden läßt. Man kann daher mit Recht von der »Kunst des Trinkens« sprechen, wenn man imstande ist, dem Wein alle Geheimnisse zu entlocken, ihn voll zu genießen, ohne dabei seine abträglichen Kräfte zu wecken. Die Grundbedingungen dazu lassen sich auf einen einfachen Nenner bringen: Maß und Gefühl!

Der einfache Weintrinker stellt keine großen Ansprüche, er trinkt sein »Viertele« des Trinkens willen und macht sich weiters keine Gedanken. Der sogenannte »Glasltrinker« – eine sich auf gefährlicher Spur bewegende Spezies der Weintrinker – dreht zielstrebig seine Runden und peilt möglichst unauffällig die nächste Haltestelle an. Der Normalverbraucher trinkt beim Mittagessen den »Tischwein«, hat meist den Kopf vom Alltag belastet, und somit gehört er wohl auch nicht zur Kategorie der Weingenießer. Der Wein gehört einfach zum Essen, wie die Schüssel zu den Knödeln. Dann kommen aber zwei Gruppen, die in unserem gesegneten Land einen – auf den Wein bezogen – reich gedeckten Tisch finden. Da sind einmal die »Weinbeißer«, die sich mit Vorliebe den Eigenbauweinen zuwenden, oft einen weiten Anmarsch in Kauf nehmen, aber auch ein gutes Fläschchen nicht verschmähen. Schließlich kommen wir zur »gehobenen Klasse« der Weinliebhaber, die in einem großen Wein etwas ganz Besonderes sehen und sich die Zeit nehmen, auch einen Anlaß wählen, ihn richtig zu genießen. Da wird nicht getrunken, sondern *degustiert.*

Gewiß, man kann sich einen guten Wein auch alleine zu Gemüte führen, aber viel mehr hat man davon, wenn dies in angenehmer Gesellschaft erfolgt, unter Freunden und Gleichgesinnten, wo ein Gedankenaustausch möglich ist und sich die Gelegenheit bietet, das Produkt gemeinsam zu genießen und zu bewerten. Der echte Weingenuß erfordert einen guten Geschmackssinn und die Beachtung einiger Grundregeln des richtigen Verkostens, von denen auch an anderer Stelle die Rede geht.

Zu den wichtigsten »Nebensachen« zählt ein »weingerechtes« Glas. Es ist unvorstellbar, einen großen Wein aus einem kleinen, dickwandigen, stengellosen Glas zu trinken. Dazu gehört ein großes, tulpenförmiges Glas, in dem sich der Wein bewegen läßt und in dem sich das Bukett entfalten kann. Das Glas muß völlig geruchsfrei sein, was bei den heute verwendeten Spülmitteln leider nicht immer der Fall ist. Um dem vorzubeugen, hält man das Glas kurz unter fließendes Wasser, läßt es abtropfen, gibt eine kleine Menge des zu genießenden Weines hinein und schwenkt das Glas, bis die Innenwände gut befeuchtet sind. Eine gewisse Spannung herrscht beim Entkorken einer alten Flasche, denn es besteht immer die Gefahr, daß der Korken mit Schimmel oder anderen Schadstoffen behaftet ist und den unangenehmen Geruch auf den Wein überträgt. Er *stopselet*, lautet der Befund, und der Wein ist somit für den Kenner ungenießbar. Falls nur ein leichter Hauch von dieser Geruchsbildung wahrnehmbar ist, läßt sich über die Verwendbarkeit diskutieren.

Schwere Weine, besonders ältere Jahrgänge, sollten vor dem Genuß in eine Karaffe umgefüllt werden, damit das Bukett mehr zur Geltung kommt und die sich eventuell am Boden der Flasche gebildeten Rückstände abgeschieden werden können – man soll ja reinen Wein einschenken! Die Dauer des Dekantierens richtet sich nach der Eigenart des Weines. Jüngeren Weinen bekommt das Lüften besser als älteren. Einen alten Wein sollte man also nicht zu lange offen lassen, er soll die Chance haben, im Glase aufzublühen.

Noch einige Worte zur Symbiose, die der Wein mit dem Essen bilden soll. Es ist allgemein bekannt, daß Weißwein zu Fisch und hellem Fleisch getrunken wird, hellere Rotweine zu leichteren Speisen und schwere Rotweine zu dunklem Fleisch und Wild. Damit ist eine brauchbare Grundregel aufgestellt. Ausgesprochene Feinschmecker sind da schon wählerischer und überlegen sich genau, welcher Wein zu welcher Speise paßt. Ein gut abgestimmter Wein kann die Speisen aufwerten, wie auch die richtige Speise dem Wein zugute kommen kann. Ist dieses Zusammenspiel aber nicht gegeben, können beide verlieren. Die Aromen und der Geschmack müssen eben übereinstimmen. Wenn ein bestimmter Wein das letzte Mal besser oder weniger gut geschmeckt hat, ist es durchaus möglich, daß der Unterschied durch die begleitenden Speisen begründet ist.[61]

Man würde der Eigenart der Südtiroler Weinkultur nicht gerecht werden, wollte man in der Hohen Schule des Weingenusses das Maß aller Dinge sehen. Auch das unkomplizierte Trinken eines guten Eigenbauweines kann beglücken. Wenn jemand an einem Tisch im Weinberg oder an der Sonnenseite eines Bauernhofes sitzt, etwas Gutes im Teller hat und den Blick über unsere gesegnete Rebenlandschaft schweifen läßt, würde er mit der raffinierten Degustation eines schweren Weines gar nicht tauschen. So oder so hängt es von jedem einzelnen ab, wie er diese Gabe Gottes am besten nutzt.

DIE WEINKOST – DIE VERKOSTUNG DES WEINES

Mit dem im Jahre 1896 im Bozner Torgglhaus abgehaltenen »Ersten Bozner Frühjahrsweinmarkt« ist der Grundstein für die zu hohem Ansehen gelangte »Bozner Weinkost« gelegt worden. Wegen des großen Erfolges verlegte man die Weinkost in die größeren Räume der Bozner Bürgersäle. Der sechste Bozner Weinmarkt fand in der »Vilpianer Bierquelle«, einer großen Gastwirtschaft in der Nähe des Bahnhofs, Unterkunft. Nach einigen kriegsbedingten Unterbrechungen wurde die nunmehr »Bozner Weinkost« genannte Veranstaltung im Hotel »Post«, später im Hotel »Laurin« abgehalten, bis sie den derzeitigen Sitz im Schloß Maretsch gefunden hat.

Neben Bozen werden noch in anderen Orten Südtirols Weinverkostungen durchgeführt. Die bedeutendste Veranstaltung dieser Art ist die Internationale Vergleichsverkostung der Gewürztraminer, die alljährlich im Mai in Tramin stattfindet und einen interessanten Vergleich dieser besonderen Weine aus aller Herren Länder ermöglicht.

Eine kleine Weinverkostung ist heute fast an jeder Ecke möglich. Etablierte Weinfachgeschäfte bieten eine große Auswahl erstklassiger Weine, die an Ort und Stelle verkostet werden können. Aber auch die vielen Miniatur-Vinotheken, die häufig versteckt in einem alten Kellergewölbe untergebracht sind, erweisen sich oft als Fundgrube hochwertiger Weine.

Eine besondere Bedeutung kommt den Vergleichsverkostungen zu, die von Jungbauern in ihrem Anbaugebiet veranstaltet werden. Da gibt es natürlich unterschiedliche Meinungen und somit reichlich Stoff zum Diskutieren und Fachsimpeln. Dies trägt dazu bei, einen gesunden Ehrgeiz zu wecken und ein neues Qualitätsbewußtsein zu entwickeln, was dem Südtiroler Wein nur zugute kommen kann.

In Fachkreisen ist die Blindverkostung üblich, bei der die Weine anonym präsentiert werden. Im Sinne einer Vergleichsmöglichkeit sollen gleich mehrere Sorten verkostet werden. Die von den Sinnesorganen wahrgenommenen Empfindungen sind dabei richtig zu deuten, damit ein korrektes Urteil über die Qualität des Weines ausgesprochen werden kann. Voraussetzung für ein treffsicheres Beurteilen des Weines ist vor allem eine

»gute Nase«, denn die wichtigsten Charakteristiken des Weines werden vom Geruchssinn wahrgenommen. Man muß langsam und leicht einatmen, denn bei zu tiefem Einatmen gelangen die Duftstoffe in die Lunge, wo keine Riechorgane sind. Dann erfordert es einen ausgeprägten Geschmackssinn, der auf der Zunge und im Gaumen seinen Sitz hat. Neben diesen Grundbedingungen sind aber noch andere Umstände zu beachten. Da ist einmal die Umgebung. Rauch, Parfüm und sonstige Gerüche stören den Verkoster. Zur Neutralisierung des Gaumens zwischen den Verkostungen sollte nur Wasser getrunken, keinesfalls Käse, auch kein Brot gegessen werden. Dann sollen geeignete Verkostgläser verwendet werden. Dickwandige, farbige oder geschliffene Gläser sind für die Verkostung ungeeignet. Die Weine sollen nicht wahllos untereinander verkostet werden, sondern nach folgender Reihenfolge: von jungen zu alten Weinen; von Weißweinen zu Rotweinen; von leichten zu schweren Weinen; von trockenen zu süßen Weinen; von aromaschwachen zu aromastarken Weinen. Die Wertbeurteilung bezieht sich auf folgende Merkmale: Farbe, Bukett, Blume, Duft, Aroma, Geschmack, Körper, Alter und Entwicklung.[62]

Hier wird offensichtlich, wie kultiviert die Weinkoster heutzutage zu Werke gehen. Früher, als in kleinem Kreise im tiefen Keller einige Weine verkostet wurden, ging es etwas derber zu. Der Verkoster nahm – nachdem er die Nase weit ins Glas gesteckt hatte – einen tüchtigen Schluck, ließ ihn bei geschlossenen Augen eine Weile im Munde, begann ihn darin zu rollen, von einem Mundwinkel zum anderen zu befördern, zu gurgeln und zu schnalzen, um den malträtierten Wein dann endlich in weitem Bogen in einen bereitstehenden Behälter zu befördern. Dann wußte der Verkoster aber wirklich, mit welchem Tropfen er es zu tun hatte. Falls der geneigte Leser der Ansicht ist, der Autor hätte auf diese Schilderung auch verzichten können, ersucht dieser um Nachsicht. Es sind Jugenderinnerungen, die im Gedächtnis geblieben sind.

DER BARRIQUE-AUSBAU

Vor nicht allzulanger Zeit nur für wenige ein Begriff, ist heute das Wort *Barrique* zu einem Allgemeingut geworden und Synonym für einen edlen Wein. Es hebt die Achtung und wohl auch den Preis.

Mit Barrique-Ausbau bezeichnet man die Lagerung von Wein in eingebrannten Eichenfässern. Der sich vom Holz freisetzende Gerbstoff geht in den Wein über und verursacht eine geschmackliche Veränderung. Die in den Wein übergehenden Holz-Tanine lassen die Fruchtaromen komplexer und stärker wirken, auch wirkt sich der Luftaustausch vorteilhaft aus. Zudem bewirken die Holz-Tanine eine längere Haltbarkeit des Weines.

Die aus französischer oder amerikanischer Eiche gefertigten Fässer erhalten innen einen Einbrand, eine Tostatur, der je nach Verwendungszweck schwach, mittel oder stark vorgenommen wird. Je nach Qualität des Weines, der Weinsorte und der Eigenheit des Jahrganges werden neue und einmal gebrauchte Fässer verwendet. Es hängt davon ab, was man daraus machen will. Bei großen Weinen ist der Anteil von neuem Holz größer als der von altem. Der Zeitraum der Lagerung richtet sich nach der Qualität des Weines und den geschmacklichen Abrundungen, die man im Barrique-Ausbau anstrebt. Große Weine hält man bis zu vierundzwanzig Monate, Weißweine durchschnittlich acht Monate, wobei der Most der weißen Trauben in den Fässern zur Vergärung gebracht wird.

Für den Barrique-Ausbau eignen sich am besten schwere, qualitativ hochwertige Rotweine, obwohl neuerdings auch weiße Sorten dieser Prozedur unterzogen werden. Diese Technik des Barriquierens erfordert viel Erfahrung und Geschick des Kellermeisters, denn es ist von großer Bedeutung, wann der Wein in die Eichenfässer gegeben wird, wie lange man ihn dort beläßt und in welchem Verhältnis die gebrauchten und neuen Fässer Verwendung finden. Es ist nicht so einfach, dem Wein jene Note zu geben, die wirklich als echte Qualitätsverbesserung gewertet werden kann. Wo immer dies der Fall ist, kann man aber von einer erfreulichen Bereicherung des Südtiroler Angebotes an Spitzenweinen sprechen. Der authentische Charakter eines edlen Weines sollte jedoch bewahrt bleiben.

DAS SÜDTIROLER WEINMUSEUM

Ein Weinland mit so alter Tradition und Kultur, wie es Südtirol nun einmal ist, muß darauf bedacht sein, die erhaltenen Kulturgüter zu schützen und zu pflegen. Zu vieles ist im Laufe der Zeit verloren gegangen.

Von diesem Gedanken getragen, hat eine kleine Gruppe von Südtiroler Weinfachleuten und Weinfreunden vor rund fünfzig Jahren den Entschluß gefaßt, ein Südtiroler Weinmuseum zu gründen. Mit großem Eifer wurden Exponate gesammelt, die einen Einblick in die Weinbaukultur vergangener Zeiten geben sollten. Im September 1955 war es dann so weit, daß im Schloß Ringberg am Kalterer See die Pforten des neuen Museums geöffnet werden konnten. Es hätte sich kein schönerer Rahmen bieten können, als dieser herrschaftliche Ansitz inmitten eines sich zum See ausbreitenden Rebenmeeres. In unnachahmlicher Art hat der damalige Kustos und Gründungsmitglied des Museums, der legendäre Weinkenner Luis Oberrauch, Tausende von begeisterten Besuchern durch das Weinmuseum geführt. Heute ist das Südtiroler Weinmuseum im Dorfzentrum von Kaltern untergebracht und mit weiteren wertvollen Exponaten bereichert worden; von der Substanz her ist das Südtiroler Weinmuseum das reichste seiner Art. Erst kürzlich konnten im tiefen Keller die fürstbischöflichen Weinfässer aus der Brixner Hofburg aufgestellt werden. Was mögen diese Fässer einst für gute Tropfen enthalten haben! Eine Vielzahl interessanter Arbeitsgeräte, von denen die große Baumtorggel aus dem 17. Jahrhundert wohl am meisten beeindruckt, und wertvolle Kunstwerke, wie die eigenartigen Darstellungen von »Christus in der

»Kellertozn«, eine Geistergestalt, die in den Kellern des Eisacktales Weinvorräte aufzehrte (Südtiroler Weinmuseum, Kaltern)

Torggel«, erschließen dem Besucher die Welt einer dreitausendjährigen Kulturgeschichte des Südtiroler Weinbaues. Eine Vielzahl von kleinen Gebrauchsgegenständen ist in Schaukästen untergebracht. Darunter befinden sich alte Schankkrüge aus Steinzeug, Trinkgefäße aus Zinn und Kupfer, Weinschläuche aus Ziegenleder, ledergefaßte Weinflaschen und Scherzgefäße wie ein »Saufteufel« aus dem 17. Jahrhundert. Sehenswert ist die vollständige Sammlung alter Faßbinderwerkzeuge; vom kleinsten Hobel bis zur mächtigen Stoßbank, mit der die großen Faßdauben gehobelt wurden, ist hier alles vertreten. Wer sich in

Detail einer plastischen Darstellung des »Christus in der Torggel« (Südtiroler Weinmuseum, Kaltern)

die Geschichte weiter vertiefen möchte, der kann noch alte Urkunden und Schriftstücke studieren. Im Freigelände des Museums befinden sich Beispiele von Rebgerüsten; eine breite Auswahl alter Rebsorten rundet das beeindruckende Angebot des Südtiroler Weinmuseums ab. Unter den rund fünfzig verschiedenen Reben befinden sich längst vergessene Arten wie der »Weiße Lagrein« oder die »Bozner Seidentraube« oder gar die »Sonnenburger Rebe«, die im geschichtsträchtigen Sonnenburg bei Sankt Lorenzen im Pustertal angebaut wurde. Heute kann man sich nur schwer vorstellen, daß in dieser rauhen Lage ein trinkbarer Wein gedieh, aber der heute noch geläufige Flurname »Weinleite« liefert den Beweis dafür.

ZUM GUTEN SCHLUSS EIN GLÄSCHEN SEKT

Sekt ist die kultivierteste Veredlungsform des Weines und wohl der Glanzpunkt aller Getränke. Südtirol produziert zwar nur geringe Mengen von Sekt, aber von hochwertiger Qualität. Sie werden nach der *Méthode champenoise* in der Flasche vergoren und genießen einen ausgezeichneten Ruf. Um etwas über die Geschichte der Schaumweine zu erfahren, muß man sich allerdings anderswo umsehen.

Die Herstellung schäumender Weine war erst möglich, als die der Kohlensäure widerstehende spanische Korkeichenrinde verwendet wurde. Dem Mönch Dom Pérignon, der zwischen 1670 und 1715 Kellermeister in der Abtei Hautvillers bei Épernay (Champagne) war, wird die Entdeckung schäumenden Champagners zugeschrieben. Jedenfalls war es sein Verdienst, helle Traubensorten verwendet, sie vorteilhaft ausgewählt und mit anderen Arten verschnitten zu haben, was als »Cuvée« bezeichnet wird. Aber vor allem hat er konsequent den Korkstöpsel verwendet, der mit einem starken Bindfaden an der Flasche gesichert war. Der starke Kohlensäuredruck führte trotzdem zu öfterem Flaschenbruch. So wurde einerseits der Champagner zur Kostbarkeit, andererseits wegen seiner Neigung zur Explosion und wegen der berauschenden Wirkung zum Teufelswerk, gegen das nicht nur die Kirche zu Felde zog.[63]

Der erste schäumende Wein soll allerdings schon 1663 in London auf Flaschen abgezogen worden sein, in Frankreich (Blanquette de Limoux) wahrscheinlich noch früher. Aber erst der Champagner wurde zum Luxusgetränk, das, ausgehend vom Sonnenkönig Ludwig XIV., besonders in höfischen Kreisen zu einem Statussymbol wurde. Nur Schaumweine, die in den streng abgegrenzten Anbaugebieten – insbesondere um Reims, Épernay und Ay – produziert werden, dürfen den Namen Champagner führen.

Das prickelnde Erlebnis ist heute auch einfacher zu haben, denn es gibt preisgünstige Schaumweine, die im Tankgärverfahren hergestellt werden und bei denen teilweise auch billigere Weine Verwendung finden. In Italien hat sich der Sammelbegriff »Prosecco« eingebürgert, in Anlehnung an eine im Veneto beheimatete Traubensorte. Nun aber zum Südtiroler Sekt, der nach dem französischen Verfahren in der Flasche reift und eine sehr aufwendige Pflege und Behandlung erfährt.

In Südtirol wurde schon vor dem Ersten Weltkrieg Sekt hergestellt, wie aus dem Katalog des »XV. Weinmarktes« in Bozen aus dem Jahre 1911 zu entnehmen ist. Es war ein »Überetschergold 1908 Riesling« von der »Überetscher Champagner-Kellerei Eppan«.[64] Obwohl in Südtirol ausgezeichnete Grundweine wachsen, kam die Sekterzeugung nach einigen Versuchen erst in den achtziger Jahren so richtig zur Entfaltung.

Das Ausschlaggebende bei der Sektherstellung ist eine optimale Abstimmung der verschiedenen Grundweine. Hier sind Feingefühl und Können gefragt. Die Kunst liegt darin, jeden Wein voll zur Geltung zu bringen, ohne daß einer den anderen übertrifft. Die klassischen Grundweine des Südtiroler Sektes sind Chardonnay, Weißburgunder und Blauburgunder, die durch ein rasches und behutsames Abpressen einen weißen Saft ergeben. Die Sortenmischung (Cuvée) wird unter Beigabe von etwas Rohrzucker und Hefe in Flaschen gefüllt und, mit einem Kronenkorken verschlossen, einer zweiten Gärung zugeführt. Nach einer Ruhepause von zwei bis fünf Jahren kommen die Flaschen auf ein Rüttelpult und werden im Laufe von fünf Wochen jeden Tag gedreht, wobei sich die Hefe im Flaschenhals absetzt. Die Flasche wird dann vor dem Öffnen in eine Kühllösung von minus 25 Grad zwei Zentimeter tief eingetaucht. Dabei gefriert die Hefe zu einem Eispfropf, ohne den Flascheninhalt zu trüben, wenn die Flasche aufgestellt wird. Nach dem Entfernen des Kronenkorkens schießt mit 6 Atmosphären Druck der Eispfropf mit Hefe heraus, und der Flascheninhalt ist kristallklar. Nun kommt die »Dosage«, die Feinabstimmung, als persönliche Note dazu. Die Flaschen werden dann mit dem Originalkorken und mit dem Drahtkorb (Agraffe) versehen.

Der Sekt soll möglichst frisch getrunken werden. Bei Kellertemperatur (12–18 Grad) hält er an die zwei Jahre. Einiges Geschick erfordert das Öffnen der Flasche: Der vorher auf zirka 5 Grad herabgekühlten, schräg gehaltenen Flasche gibt man während des Öffnens eine Drehung und hält gleichzeitig den Korken fest. So vermeidet man das Austreten einer oft schwer zu bändigenden Schaumfontäne. Lautes Knallen ist nicht mehr gefragt, auch von den früher verwendeten Sektschalen ist man abgekommen, die hohen, schmalen Gläser (Sektflöten) liegen im Trend.[65]

DIE DOC-WEINE SÜDTIROLS

Lange mußte Südtirol um eine Unterschutzstellung seiner Qualitätsweine kämpfen, denn der im In- und Ausland betriebene Mißbrauch der Lagen- und Sortenbezeichnungen hat der Südtiroler Weinwirtschaft großen Schaden zugefügt. Es kamen Weine auf den Markt, die wohl klangvolle Namen führten, aber sonst einem echten Südtiroler Sortenwein in keiner Weise entsprachen. Durch ein Dekret des Präsidenten der Republik aus dem Jahre 1963, das den Schutz der Weine mit Ursprungsbezeichnung garantierte, wurde dann endlich Abhilfe geschaffen.

Mit diesem Gesetz werden Anbau, Ertrag, Alkoholgehalt, Herstellungsmethoden und Vermarktung aus bestimmten und genau abgegrenzten Gebieten den strengen Regeln der EU-Rechtsordnung unterworfen. Weine, die diesen Vorschriften in jeder Einzelheit gerecht werden, können die Bezeichnung DOC (Denominazione di origine controllata) führen. Im deutschen Sprachgebrauch würde dies Q.b.A. (Qualitätswein bestimmter Anbaugebiete) bedeuten.

Gleich nach Inkrafttreten dieses wichtigen Gesetzes hat die Südtiroler Weinwirtschaft die Unterschutzstellung aller Qualitätssorten beantragt und kann heute bei Weinen aus acht kontrollierten Ursprungsgebieten das Qualitätsmerkmal DOC anführen. Mit rund achtzig Prozent der produzierten Weine besitzt Südtirol den höchsten DOC-Anteil Italiens!

Die Qualität eines Weines wird im Weinberg bestimmt, denn der Kunst des Kellermeisters sind Grenzen gesetzt. Der Weinbauer hat es in der Hand – wenn das Wetter mitspielt –, die qualitative Entwicklung der Trauben zu lenken und zu korrigieren. Es ist daher notwendig, daß er dem Qualitätsprinzip treu bleibt und in manchen Fällen sogar bereit ist, die in der DOC-Regelung festgesetzten Höchsterträge freiwillig zu reduzieren. Dies muß keinesfalls ein finanzieller Nachteil sein.

Daß sich all dieses Bemühen zur Verbesserung der Qualität gelohnt hat, beweisen die steigende Wertschätzung, die den Südtiroler Qualitätsweinen entgegengebracht wird, und die großen Erfolge, die Südtirol auf nationalen und internationalen Fachmessen und Wettbewerben verzeichnen kann.

UND DIE KLASSISCHEN ANBAUGEBIETE

Das Traminer Weinbaugebiet

SÜDTIROLER

Der Sammelbegriff *Südtiroler* umfaßt alle DOC-Weine, die nicht eine eigene Ursprungsbezeichnung führen, aber den strengen Produktionsvorschriften entsprechen. Im wesentlichen betrifft dies das Südtiroler Unterland, das Burggrafenamt und vor allem das Überetsch, das die größte Weinlandschaft Südtirols darstellt und mit rund 2000 Hektar zwei Fünftel der Rebfläche des ganzen Landes abdeckt.

Berühmt ist der *Gewürztraminer*, der dem Namen nach in Tramin seinen Ursprung hat und heute in aller Welt angebaut wird. Früher ist die Weiße Traminer Rebe angepflanzt worden, bis sie im letzten Jahrhundert durch eine rötliche abgelöst wurde. Der *Gewürztraminer* bildet aber nur ein Glanzlicht der Traminer Sortenpalette. In einem Landreim vom Jahre 1558 werden die besten Weine unseres Landes aufgezählt, und die Liste dieser edlen Weine wird vom *Traminer Wein* angeführt.[66] Aber er hatte auch seinen Preis. Um 1300 kostete der Traminer Wein doppelt soviel wie der aus Neumarkt-Enn.[67] Nicht umsonst fand in der deutschen Literatur der Traminer Wein eine so große Beachtung. In den Nachbargemeinden Kurtatsch und Margreid gedeihen ebenso ausgezeichnete Weine, wie die gehaltvollen Sorten *Cabernet* und *Merlot*.

Der *Blauburgunder*, der an der Berglehne zwischen Montan, Pinzon und Mazon in höchster Qualität heranreift, darf zu den besten Weinen Südtirols gezählt werden. Marx Sittich von Wolkenstein schrieb in seiner Landesbeschreibung von Südtirol um 1600: *In diesem Viertel Montan und seiner Umgebung wachsen und gibt es gar die allerbesten Weine, die sehr gut verkauft und sehr gut bezahlt werden.*

Im Überetsch ist die Vernatschrebe vorherrschend, die nahezu 50 Prozent der Südtiroler Weinproduktion bestimmt, aber auch das sonstige Sortenangebot ist mit erlesenen Qualitäten vertreten, besonders in den sonnendurchfluteten Lagen von Girlan und Schreckbichl. Von den bekannten Weinlagen des Burggrafenamtes seien Andrian, Sirmian und Nals erwähnt, das mit der Schwanburg eines der schönsten Bauten- und Rebenensembles unseres Landes besitzt. In Siebeneich, zwischen Bozen und Terlan, wächst ein hervorragender Merlot.

Der Kalterer See

KALTERERSEE

Mit über 1000 Hektar Anbaufläche zählt das geschützte Ursprungsgebiet des Kalterersee-Weines zu den größten Weinbauzonen des Landes. Es ist eine riesige Fläche, die im Norden bis nach Nals reicht, im Süden bis nach Margreid, und die auch die östlich der Etsch liegenden Ortschaften mit einbezieht. Sogar einige Gemeinden des Trentino haben sich dazugedrängt. Diese umstrittene Ausweitung des Anbaugebietes hat dazu geführt, daß der Markt von zweifelhaftem *Kalterersee* überschwemmt wurde und der gute Ruf dieses bekanntesten Südtiroler Weines sehr gelitten hat. Zähe Verhandlungen auf politischer Ebene und Protestkundgebungen der betroffenen Südtiroler Weinbauern haben dazu geführt, daß heute die Zusatzbezeichnung »klassisch« oder »klassisches Ursprungsgebiet« nur für die Südtiroler Gemeinden – Kaltern, Eppan, Tramin, Kurtatsch, Neumarkt, Montan, Auer, Pfatten, Branzoll, Nals, Andrian und Margreid – zulässig ist.

Die Anstrengungen der Weinproduzenten, die Qualität zu verbessern und den angekratzten Ruf des Kalterersee-Weines wiederherzustellen, haben Früchte getragen, und heute hat der ursprungsgeschützte Wein wieder einen hohen Stellenwert. Der *Kalterersee-Auslese* ist ein Spitzenwein, bei dem jeglicher Verschnitt und jede Anreicherung untersagt sind.

Das auf der Westseite des Sees gegen Kaltern sanft ansteigende Rebgelände bildet das Kernstück dieser gesegneten Weingegend. Hier sind die bevorzugten Lagen, die den Kalterersee-Wein berühmt gemacht haben. Es handelt sich um das alte Weinrevier, das auf einer im Südtiroler Weinmuseum in Kaltern gezeigten Karte aus dem 17. Jahrhundert anschaulich dargestellt ist. Die Grafik stammt aus einer Zeit der großen Rodungen, die dem Bannwald arg zu Leibe gerückt sind und seine Schutzfunktion aufgehoben haben. Bemerkenswert ist in diesem Zusammenhang der auf der Karte ersichtliche Bannwaldstreifen, der durch das sogenannte »Öltalele« verläuft und den Wildwechsel aus dem Unterberg und dem Leuchtenburger Forst zu den Altenburger Wäldern gewährleisten sollte.[68]

Der Meraner Küchelberg

MERANER

Der Meraner Wein hat vielleicht nicht so einen klingenden Namen wie die Kurstadt selbst. Im Gegensatz zu Bozen und Tramin hatte in früheren Zeiten der Meraner Wein über die Grenzen Tirols keinen sehr großen Bekanntheitsgrad. König Ferdinand wußte ihn jedenfalls zu schätzen, da er im Jahre 1534 für den Hofbedarf *der königlichen liebsten Kinder* achtzehn Fässer Meraner Wein nach Innsbruck kommen ließ und alle Vorkehrungen traf, damit alle Wagenleute und Samer die Zollstellen ungeschoren passieren konnten.[69] Jedenfalls gedeihen in den bevorzugten Lagen rund um Meran ausgezeichnete Weine.

Außer dem vielgepriesenen *Küchelberger* gibt es im Meraner Gebiet eine Reihe bekannter Reblagen, die berühmte Weine hervorbringen. Die Weinberge, die sich von unserem Stammschloß Tirol in weitem Fächer gegen die Stadt ausbreiten, zählen ebenfalls zu den bevorzugten Lagen. Gegen Westen das uralte Sankt Peter, weiters die Rebhänge um Schloß Thurnstein, wo ein *Napoleon* Berühmtheit erlangte. Nicht daß der Feldherr durch seine Anwesenheit dem Wein zu diesem Namen verholfen hätte! Zugetragen hat es sich vielmehr, daß der Schloßherr 1870 die Kunde vernahm, daß Kaiser Napoleon III. bei Sedan gefangen wurde. Aus diesem Anlaß holte er den besten Wein aus dem Keller und kredenzte ihn den Anwesenden. Zur Feier des Tages taufte man den guten Tropfen *Napoleon*. Unterhalb des Küchelberges – der sich über die Leiten von Dorf Tirol bis zum westlichen Ende des Tappeinerweges erstreckt und einen großen Rücken bildet – liegt das Weingebiet von Gratsch. Edle Weine wachsen aber auch rund um Meran – beginnend bei Lana, wo die Lagen von Ackpfeif und Brandis berühmt sind, entlang der vom Marlinger Waal durchzogenen Hänge von Tscherms, Lebenberg und Marling. Auf der gegenüberliegenden Seite befinden sich die Weinlagen von Schenna und Obermais, wo das Kirchlein von Sankt Valentin ein reizvolles Ensemble bildet. Der *Meraner* ist also der Sammelbegriff aller Vernatschweine, die rund um das Meraner Becken und im ganzen Burggrafenamt wachsen.

Das berühmte Weinbaugebiet von Sankt Magdalena

SANKT MAGDALENER

Die Hügelgegend von Prazöll, wie früher die drei berühmten Weinfraktionen Sankt Magdalena, Sankt Justina und Leitach allgemein genannt wurden, bildet das Aushängeschild des Südtiroler Weinbaues. Kaum eine andere Weingegend hat solche Vorzüge aufzuweisen, wie sie hier die Natur geschaffen hat. Die Hügelhänge von Prazöll sind gegen Süden frei und somit den ganzen Tag der Sonne ausgesetzt, ein leichter Wind sorgt für gute Belüftung, und vor allem sind es die geologischen Gegebenheiten, die hier den Wein in besonderer Güte heranwachsen lassen.

Der lockere Boden besteht aus glazialen Schotterablagerungen. Im Prazöller Gebiet, vor allem in Sankt Justina und Leitach, herrscht nicht der Porphyr vor, wie man es vermuten könnte, sondern in den sandigen Moränen finden sich weiße Granitsteine, die laut Klebelsberg der Eisack als Flußschotter hier aufgebaut hat. Wie dem auch sei, diese Böden erbringen zwar keinen Höchstertrag, aber eine Qualität, die ihresgleichen sucht.

Die Ursprungsbezeichnung *Sankt Magdalena* erstreckt sich auf ein weites Gebiet, das im Süden Haslach, im Westen Terlan, im Norden Teile des Rittens und im Osten Karneid umfaßt. Die Zusatzbezeichnung *klassisch* ist allerdings nur für Sankt Magdalena, Sankt Justina, Rentsch, Leitach und Sankt Peter zulässig.

Der Magdalener ist der kräftigste und gehaltvollste unter den Vernatschweinen. Es läßt sich nicht leugnen, daß in letzter Zeit diese Sorte etwas an Glanz eingebüßt hat. Wie sich aber hier zeigt, kann die Vernatschrebe zu großartigen Ergebnissen führen, wenn alles zusammenstimmt: eine gute Lage, eine vernünftige Sortenwahl und vor allem ein ausgeprägtes Qualitätsbewußtsein des Weinbauern.

Wenn der klassische *Magdalener* auch immer ein Vernatschwein bleiben wird, so hat man in letzter Zeit versucht, auch andere Sorten anzubauen. Merlot, Cabernet, Blauburgunder und weiße Sorten haben zu ausgezeichneten Ergebnissen geführt, die vermuten lassen, daß man sich künftig mehr damit befassen wird.

Kloster Neustift bei Brixen

EISACKTALER

Im Eisacktaler Weinbaugebiet waren früher die Rotweine vorherrschend, und die Qualität wußte man in höchsten Kreisen wohl zu schätzen. Gegen Ende des 16. Jahrhunderts, als Bischof Johann Thomas von Spaur (1578–1590) regierte, galt der Weißwein nur als mittelmäßig, der rote aber war von derartiger Güte, daß er um einen »ungeheuren Preis« verkauft wurde und deshalb nur an fürstliche Tafeln kam und auch hier nur bei besonderen Gelegenheiten kredenzt wurde.[70]

Bevorzugt sind die Lagen von Neustift, wo in der Klosterkellerei professionell gekeltert und vermarktet wird. Abgeklärte Weinliebhaber wenden sich allerdings mehr den sonnigen Hängen zu, die sich nach Brixen erstrecken. Hier gedeihen wunderbare Weine, und es verstecken sich dort bäuerliche Einkehren, die für einen »Weinbeißer« nicht nur während der Törggelezeit Sehnsüchte wecken.

Südwestlich von Brixen, den Eisack entlang, erstreckt sich das eigentliche Gebiet des *Eisacktalers*. Waren es früher nur kleinere Rebflächen, deren Produktion zu einem guten Teil als Grundwein an oberitalienische Sekthersteller geliefert wurde, sieht man heute weite Anbauflächen, die auf eine florierende Weinwirtschaft schließen lassen. Die heute erzeugten Eisacktaler Weißweine haben einen ausgezeichneten Ruf.

Die Gegend rund um Klausen, mit Villanders, Barbian und dem Lajener Ried, ist für gute Bauernweine bekannt, die dem durstigen Wanderer zugänglich sind und auch sonst zur Einkehr laden. Im Lajener Ried und auch anderswo haben sich noch Restbestände alter Rebsorten erhalten, die sonst nur noch dem Namen nach bekannt sind: *Furner, Hottler, Portugieser, Blatterle,* um die wichtigsten zu nennen.

Bei den unterschiedlichen Wachstumsbedingungen ist es nicht verwunderlich, wenn die Reben auch einen Wein von unterschiedlicher Qualität hervorbringen. Ein erfahrener Eisacktaler Weinbauer hat dazu bemerkt: Wenn man von Bozen nach Brixen fährt, kann man die guten Dörflen leicht erkennen, die Reben schauen einem ins Gesicht.

Terlan

TERLANER

Wenn von einem *Terlaner* die Rede ist, denkt man ohne zu überlegen an einen Weißwein. Mit einem Anteil von nahezu 50 Prozent nimmt Terlan neben dem Eisacktal in der sonst vom Rotwein beherrschten Südtiroler Weinlandschaft eine Sonderstellung ein. Der Terlaner Weißwein kann für sich auch qualitativ eine Führungsrolle in Anspruch nehmen. Aber auch die Terlaner Rotweine sind von guter Qualität, voran der »Silberleiten«, der an das lange Zeit vom Deutschen Orden betriebene Silberbergwerk erinnert. Die geologische Beschaffenheit des Bodens und geeignete Klimaverhältnisse begünstigen das Wachstum und die Reife in besonderem Maße. Bis in die späten Abendstunden scheint die Sonne. Die schützenden Felsen des Tschögglberges geben die tagsüber gespeicherte Wärme nachts wieder ab, und der aus verwittertem Porphyrgestein bestehende Boden schafft die besten Voraussetzungen für ein gutes Gedeihen der Reben.

Neben anderen Vorteilen zeichnet den *Terlaner* eine längere Lagerfähigkeit aus, wenn vollreife Trauben einwandfreier Qualität – was bei dem geringeren Ertrag der leichten Böden begünstigt wird – verarbeitet werden. Einen Beweis dafür erbringt die Vinothek der Terlaner Kellereigenossenschaft, die für Südtirol ein Unikum darstellt. Die Kellerei verfügt über eine im Gründungsjahr 1893 angelegte Vinothek, die zwar einige Lücken aufweist, ab 1955 aber vollständig ist. Die vorläufig bis zu diesem Jahr verkosteten Weine haben sich ausgezeichnet gehalten. Die älteren müssen diese Prüfung noch bestehen.

Die kleinbeerige Rebe des echten Weißterlaners, die längst von ertragreicheren Sorten abgelöst wurde und deren vorhandene Restbestände nur noch für Cuvées verwendet werden, hat den Ruf des Terlaner Weißweines begründet.

Die Bozner Weinhänge am Fuße des Tschögglberges

BOZNER LEITEN

Bozner Weine werden schon 827 urkundlich erwähnt und haben in der Literatur vergangener Jahrhunderte vielfachen Niederschlag gefunden. Der »Bozenaere« war ein Begriff und in geistlichen wie weltlichen Kreisen gleichermaßen beliebt und geachtet. Eine Anziehungskraft übte er auch auf dunkle Gesellen aus, wie aus dem Jahre 1324 berichtet wird. Ein aus wertvoller Ladung bestehender Transport nach Regensburg wurde unterwegs beraubt, und zwei Faß »Pozener« sind dann auf Umwegen nach Prag gekommen und von einem dortigen Bürger namens Ulrich der Heymburger widerrechtlich weiterverkauft worden.[71]

Bozen war ein bedeutender Umschlagplatz und sorgte auch selbst für einen guten Absatz. Dies drückt schon die Vielzahl der Gastbetriebe aus, die 1546 nicht weniger als achtundsechzig gewesen sind; somit war fast jedes dritte Haus ein Gasthaus oder ein Buschenschank.[72]

Auf den Hügeln und Leiten rings um Bozen gedeihen großartige Weine, die im Sankt Magdalener die Spitze erreichen. Neben dem Ursprungsgebiet des Magdaleners ist der *Bozner Leiten* auch noch im Gemeindegebiet von Leifers und in den Anbaugebieten von Völs und Karneid als DOC-Wein ausgewiesen. Von der am Fuße des Hörtenberges angelegten Oswaldpromenade überblickt man die ganzen *Bozner Leiten*. Im Osten liegen die Hügel von Sankt Magdalena, Sankt Justina und Leitach, im Südosten sind es die Weinberge von Karneid und Kampenn, im Süden, am Fuße des Hörtenberges, die wenigen unverbaut gebliebenen Lagen von Bozen-Dorf, im Westen der zauberhafte Krippenberg auf der Tschögglberger Seite. Im Norden, am Beginn der Sarner Schlucht, begrenzt ihn die Burgruine von Rafenstein mit den dahinterliegenden Goldegghöfen, nach Westen schwenkend blickt man auf die Weingärten rund um die beiden Hügelkirchen von Sankt Georg und Sankt Jakob in Sand – hier gedeihen die berühmten Weinsorten »Sandbichler« und »Kreuzbichler« –, bis ganz im Westen die Rebhänge von Glaning den weiten Bogen des Bozner Beckens abschließen.

Rebenlandschaft bei Galsaun

VINSCHGAU

Im Vergleich zu den anderen Weinbaugebieten Südtirols spielt der Vinschgau mengenmäßig nur eine untergeordnete Rolle, von der Güte her kann er sich mit anderen Qualitätsweinen aber durchaus messen. Die klimatischen und geologischen Besonderheiten geben diesen Weinen eine besondere Note und Güte. Der Vinschgau ist eben eine Klimainsel, auf welche die Natur extrem einwirkt. Die hohen Temperaturen und die geringen Niederschläge machen den Vinschgau zur trockensten Wärmeinsel der Ostalpen. Ohne das uralte Waalsystem wäre eine landwirtschaftliche Nutzung des exponierten Sonnenberges nicht möglich gewesen.

Am früh besiedelten Sonnenberg fand man Spuren, die einen schon vor dreitausend Jahren betriebenen Weinbau vermuten lassen. Mit der Erschließung des Oberen Weges (Via Claudia Augusta) werden ihn die Römer intensiviert und stark genutzt haben.

Die Hauptanbaugebiete sind, von Westen beginnend, Kortsch, Vezzan, Goldrain, Kastelbell, Galsaun, Tschars und Staben. Die Hänge von Naturns und Partschins werden zum Burggrafenamt gezählt, obwohl der Vinschgau geographisch bis zur Töll reicht. Die höchstgelegenen Weinreben des Vinschgaus übersteigen in den »Kortscher Räut« die 900-Meter-Grenze. In früheren Jahren sollen sogar noch am Hof Oberjuval (1256 m) Reben gestanden haben. Berühmt ist das kleine Weindörfchen Vezzan, das früher Klöster und öffentliche Einrichtungen mit Wein versorgte.

Es ist erfreulich, wie heute der Weinbau ernst genommen wird und wie man sich um die Erhaltung und den Ausbau der exponierten Weingärten bemüht. 1981 wurde der Vinschgauer Weinbauverein ins Leben gerufen, aber bereits im Jahre 1977 hatte es die erste Weinverkostung gegeben, die jeweils in drei verschiedenen Vinschgauer Weindörfern stattfand und den Mitgliedern die Möglichkeit eines Qualitätsvergleiches gab. Das Bemühen trug Früchte, wie auf der nun schon seit mehreren Jahren abgehaltenen und allgemein zugänglichen Vinschger Weinverkostung eindrucksvoll unter Beweis gestellt wird.

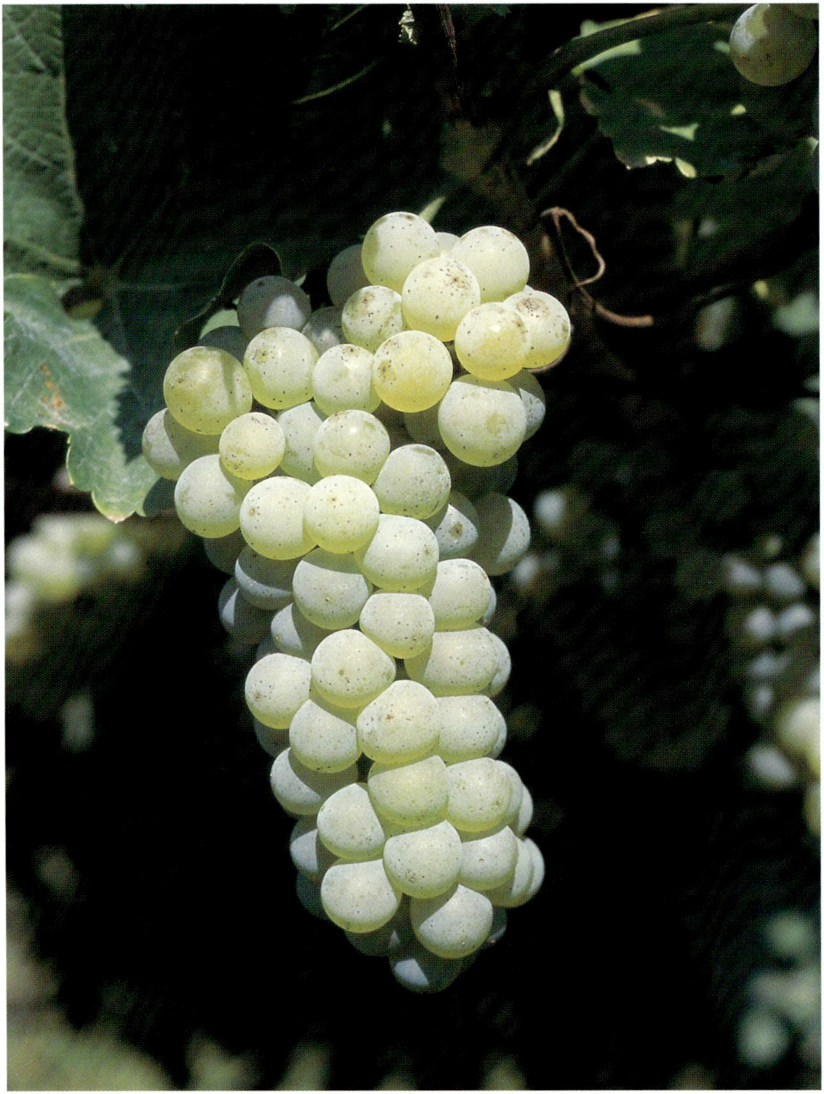

SÜDTIROLER WEISSBURGUNDER

Anbaufläche: 439 Hektar.

Anbaugebiet: Eppan, Kaltern, Salurn, Margreid, Kurtatsch, Ritten, Neumarkt, Tramin, Bozen, Kurtinig, Tscherms, Montan, Pfatten, Meran, Auer, Nals, Jenesien, Tirol, Völs, Lana, Algund, Andrian, Karneid, Leifers, Burgstall, Tisens, Schenna, Riffian und Branzoll.

Rebsorte: Weißburgunder (Pinot blanc); stammt aus Frankreich und wird in Südtirol seit etwa hundert Jahren angebaut.

Anbauform: Pergel oder Drahtrahmen.

Erzeugungsvorschriften: Höchstertrag 130 dz/Hektar; Mindestalkoholgehalt im Konsum 11 % Vol.

Charakteristik: frischer, fruchtiger Weißwein.

Farbe: grünlich bis hellgelb.

Geruch: fruchtig, mit leichtem Apfelton.

Geschmack: trocken, frisch, lebhaft, mit gediegener Fülle.

Serviertemperatur: 8–10 Grad.

Lagerfähigkeit: 1–2 Jahre.

Empfiehlt sich: zu leichten Vorspeisen, Fisch, als Aperitif.

TERLANER WEISSBURGUNDER

Anbaufläche: 104 Hektar.

Anbaugebiet: Andrian, Eppan, Terlan, Kaltern, Nals, Mölten, Jenesien.

Die Zusatzbezeichnung »klassisch« oder »klassisches Ursprungsgebiet« ist für den Weißburgunder der Gemeinden Terlan, Andrian und Nals zulässig.

(Andere Angaben siehe »Südtiroler Weißburgunder«)

VINSCHGAUER WEISSBURGUNDER

Anbaufläche: 2 Hektar.

Anbaugebiet: Naturns, Partschins, Kastelbell-Tschars, Latsch und Schlanders.

Erzeugungsvorschriften: Höchstertrag 110 dz/Hektar; Mindestalkoholgehalt im Konsum 10,5 % Vol.

(Andere Angaben siehe »Südtiroler Weißburgunder«)

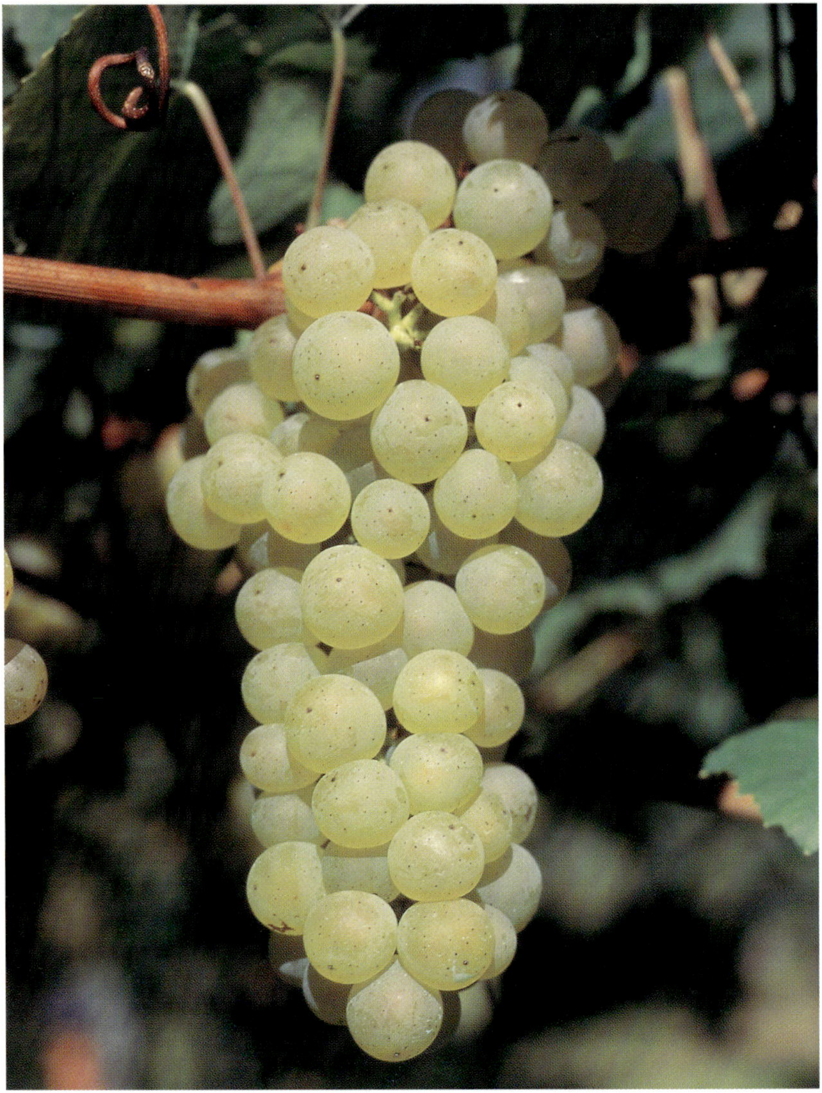

SÜDTIROLER CHARDONNAY

Anbaufläche: 393 Hektar.

Anbaugebiet: Salurn, Margreid, Kaltern, Eppan, Kurtinig, Kurtatsch, Neumarkt, Tramin, Andrian, Montan, Auer, Meran, Ritten, Pfatten, Lana, Schenna, Terlan, Tscherms, Leifers, Marling, Branzoll, Algund, Karneid, Völs und Tisens.

Rebsorte: Chardonnay; stammt aus Frankreich und wird in Südtirol seit etwa hundert Jahren angebaut. **Anbauform:** Pergel oder Drahtrahmen.

Erzeugungsvorschriften: Höchstertrag 130 dz/Hektar; Mindestalkoholgehalt im Konsum 11 % Vol.

Charakteristik: frischer, fruchtiger Weißwein. **Farbe:** grünlichgelb. **Geruch:** zart, charakteristisch, fruchtig. **Geschmack:** trocken, frisch, lebhaft, mit angenehmer Fülle.

Lagerfähigkeit: 1–2 Jahre. **Serviertemperatur:** 8–10 Grad.

Empfiehlt sich: zu leichten Vorspeisen, Fisch, als Aperitif.

TERLANER CHARDONNAY

Anbaufläche: 10 Hektar.

Anbaugebiet: Terlan, Eppan, Nals.

Die Zusatzbezeichnung »klassisch« oder »klassisches Ursprungsgebiet« ist für den Chardonnay der Gemeinden Terlan und Nals zulässig.

Erzeugungsvorschriften: Höchstertrag 130 dz/Hektar; Mindestalkoholgehalt im Konsum 11 % Vol.

Farbe: grünlich bis hellgelb. **Geruch:** fruchtig, leicht nach Banane.

Geschmack: trocken, frisch, lebhaft, mit gediegener Fülle.

(Andere Angaben siehe »Südtiroler Chardonnay«)

VINSCHGAUER CHARDONNAY

Anbaufläche: 0,3 Hektar.

Anbaugebiet: Naturns, Partschins, Kastelbell-Tschars, Latsch und Schlanders.

Erzeugungsvorschriften: Höchstertrag 110 dz/Hektar; Mindestalkoholgehalt im Konsum 11 % Vol.

Charakteristik: frischer, fruchtiger Weißwein.

Lagerfähigkeit: 1–2 Jahre.

Empfiehlt sich: als Aperitif, zu leichten Vorspeisen und Fisch.

(Andere Angaben siehe »Südtiroler Chardonnay«)

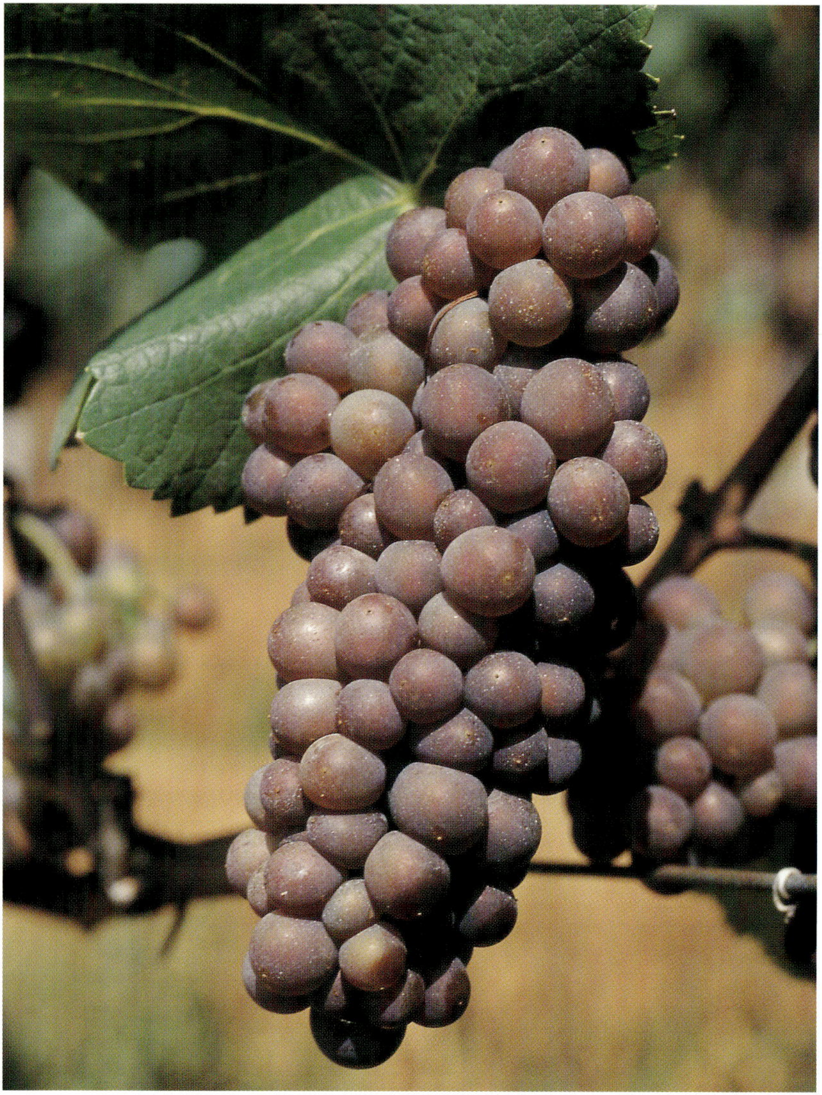

SÜDTIROLER RULÄNDER

Anbaufläche: 249 Hektar.

Anbaugebiet: Salurn, Margreid, Eppan, Kurtinig, Kaltern, Auer, Bozen, Kurtatsch, Neumarkt, Tramin, Pfatten, Terlan, Montan, Andrian, Branzoll, Lana, Ritten, Karneid, Meran und Völs.

Rebsorte: Ruländer (Pinot gris); stammt aus Burgund und wird in Südtirol seit etwa hundert Jahren angebaut. **Anbauform:** Pergel oder Drahtrahmen.

Erzeugungsvorschriften: Höchstertrag 130 dz/Hektar; Mindestalkoholgehalt im Konsum 11,5 % Vol.

Charakteristik: vollmundiger, angenehmer Weißwein. **Farbe:** strohgelb.
Geruch: angenehm, dezent. **Geschmack:** trocken, voll, weich, angenehm.

Lagerfähigkeit: 1–2 Jahre. **Serviertemperatur:** 8–10 Grad.

Empfiehlt sich: zu gebackenen Pilzen, Süßwasserfischen und gekochten Meeresfrüchten, Fischsuppe.

EISACKTALER RULÄNDER

Anbaufläche: 5 Hektar.

Anbaugebiet: Vahrn, Brixen, Villanders, Ritten, Klausen, Feldthurns, Barbian und Lajen. Für den Ruländer der Gemeinden Brixen und Vahrn ist die Zusatzbezeichnung »Brixner« gestattet.

Erzeugungsvorschriften: Höchstertrag 100 dz/Hektar; Mindestalkoholgehalt im Konsum 11 % Vol.

(Andere Angaben siehe »Südtiroler Ruländer«)

VINSCHGAUER RULÄNDER

Anbaufläche: 0,7 Hektar.

Anbaugebiet: Naturns, Partschins, Kastelbell-Tschars, Latsch und Schlanders.

Rebsorte: Ruländer oder Grauburgunder.

Erzeugungsvorschriften: Höchstertrag 110 dz/Hektar; Mindestalkoholgehalt im Konsum 11 % Vol. **Charakteristik:** frischer, angenehmer Weißwein.

Empfiehlt sich: zu heimischen Vorspeisen, Fischsuppe, gebackenen Pilzen, Fisch und Meeresfrüchten.

(Andere Angaben siehe »Südtiroler Ruländer«)

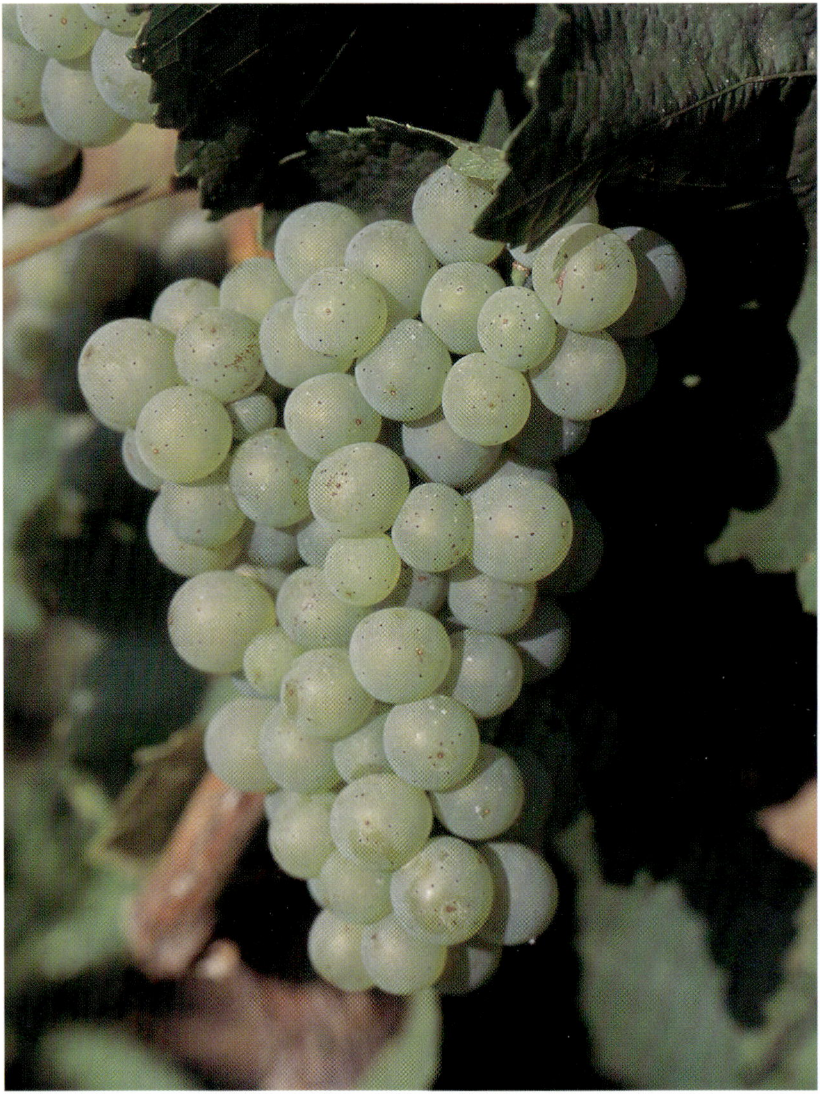

SÜDTIROLER SILVANER

Anbaufläche: 8 Hektar.

Anbaugebiet: Ritten, Eppan, Bozen, Völs, Kurtatsch, Karneid, Salurn, Auer, Jenesien, Leifers, Kaltern und Tisens.

Rebsorte: Silvaner.

Anbauform: Pergel.

Erzeugungsvorschriften: Höchstertrag 130 dz/Hektar; Mindestalkoholgehalt im Konsum 11% Vol.

Charakteristik: angenehmer, frischer Weißwein mit ausgewogenem Körper.

Farbe: hellgelb bis grünlich.

Geruch: angenehm, fruchtig, sortentypisch.

Geschmack: trocken, frisch, fruchtig, mit ausgewogenem Körper.

Lagerfähigkeit: 1–2 Jahre.

Serviertemperatur: 8–10 Grad.

Empfiehlt sich: zu Spargel, Weinsuppe, Fisch (gekocht oder gegrillt), als Aperitif.

TERLANER SILVANER

Anbaufläche: 0,3 Hektar.

Anbaugebiet: Terlan.

Die Zusatzbezeichnung »klassisch« oder »klassisches Ursprungsgebiet« ist für den Silvaner der Gemeinde Terlan zulässig.

(Andere Angaben siehe »Südtiroler Silvaner«)

EISACKTALER SILVANER

Anbaufläche: 92 Hektar.

Anbaugebiet: Brixen, Klausen, Villanders, Feldthurns, Vahrn, Ritten, Barbian, Lajen, Natz-Schabs, Völs, Kastelruth, Villnöß.

Für den Silvaner der Gemeinden Brixen und Vahrn ist die Zusatzbezeichnung »Brixner« gestattet.

Erzeugungsvorschriften: Mindestalkoholgehalt im Konsum 10,5% Vol.

(Andere Angaben siehe »Südtiroler Silvaner«)

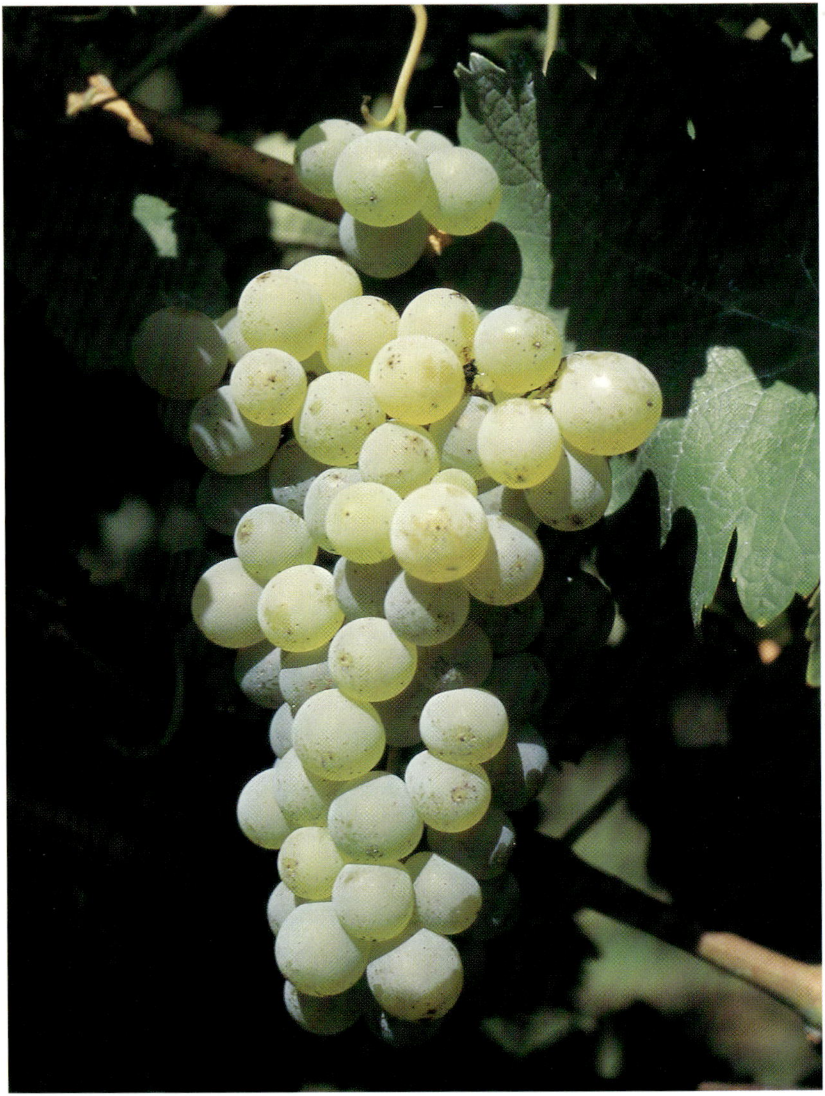

SÜDTIROLER WELSCHRIESLING

Anbaufläche: 3 Hektar.

Anbaugebiet: Salurn, Andrian, Bozen, Terlan, Margreid, Meran, Tscherms und Auer.

Rebsorte: Welschriesling.

Anbauform: Pergel.

Erzeugungsvorschriften: Höchstertrag 130 dz/Hektar; Mindestalkoholgehalt im Konsum 11 % Vol.

Charakteristik: frischer, lebhafter Weißwein.

Farbe: grünlich bis strohgelb.

Geruch: zart, angenehm, sortentypisch.

Geschmack: trocken, frisch, lebhaft, angenehm.

Lagerfähigkeit: 1–2 Jahre.

Serviertemperatur: 8–10 Grad.

Empfiehlt sich: zu leichten Vorspeisen, Fisch (gekocht oder gebraten), als Aperitif.

TERLANER WELSCHRIESLING

Anbaufläche: 7 Hektar.

Anbaugebiet: Terlan, Andrian, Nals, Eppan.
Die Zusatzbezeichnung »klassisch« oder »klassisches Ursprungsgebiet« ist für den Welschriesling der Gemeinden Terlan, Andrian und Nals zulässig.

Erzeugungsvorschriften: Höchstertrag 130 dz/Hektar; Mindestalkoholgehalt im Konsum 10,5 % Vol.

Farbe: grünlich bis hellgelb.

Geruch: zart, verhalten.

Geschmack: trocken, frisch, mit ansprechendem Körper.

(Andere Angaben siehe »Südtiroler Welschriesling«)

SÜDTIROLER RIESLING

Anbaufläche: 43 Hektar.

Anbaugebiet: Margreid, Kurtinig, Eppan, Meran, Salurn, Kaltern, Tramin, Bozen, Kurtatsch, Leifers, Lana, Montan, Ritten und Auer.

Rebsorte: Riesling; stammt aus Deutschland und wird in Südtirol seit etwa hundert Jahren angebaut.

Anbauform: Pergel oder Drahtrahmen.

Erzeugungsvorschriften: Höchstertrag 130 dz/Hektar; Mindestalkoholgehalt im Konsum 11% Vol.

Charakteristik: eleganter Weißwein mit feiner Blume.

Farbe: grünlich bis hellgelb.

Geruch: zartblumig, leicht ätherisch.

Geschmack: trocken, frisch, mit angenehmer Säure, lebhaft, elegant.

Lagerfähigkeit: 1–2 Jahre.

Serviertemperatur: 8–10 Grad.

Empfiehlt sich: zu Hirnsuppe, Krabbencocktail, Meeresfrüchten, Hummer gekocht, als Aperitif.

TERLANER RIESLING

Anbaufläche: 1 Hektar.

Anbaugebiet: Terlan.
Die Zusatzbezeichnung »klassisch« oder »klassisches Ursprungsgebiet« ist für den Riesling der Gemeinde Terlan zulässig.

Erzeugungsvorschriften: Mindestalkoholgehalt im Konsum 11,5% Vol.

Farbe: grünlich bis strohgelb.

Geschmack: trocken, lebhaft, mit ausgewogenem Körper.

Lagerfähigkeit: 1–2 Jahre.

(Andere Angaben siehe »Südtiroler Riesling«)

SÜDTIROLER TERLANER

Anbaufläche: 8 Hektar.

Anbaugebiet: Terlan.

Die Zusatzbezeichnung »klassisch« oder »klassisches Ursprungsgebiet« ist für den Terlaner ohne Rebsortenbezeichnung der Gemeinde Terlan zulässig.

Rebsorte: 50 Prozent Weißburgunder und/oder Chardonnay; der Rest kann bestehen aus Welschriesling, Rheinriesling, Sauvignon, Silvaner, Müller-Thurgau und 5 Prozent anderen empfohlenen Sorten.

Anbauform: Pergel und Drahtrahmen.

Erzeugungsvorschriften: Höchstertrag 130 dz/Hektar; Mindestalkoholgehalt im Konsum 11,5 % Vol.

Charakteristik: angenehm fruchtiger Wein.

Farbe: helles Strohgelb.

Geruch: fruchtig, zart, typisch.

Geschmack: trocken, mit angenehmer Säure und ansprechender Fülle.

Lagerfähigkeit: 1–2 Jahre.

Serviertemperatur: 8–10 Grad.

Empfiehlt sich: zu leichten Vorspeisen, Fisch und als Aperitif.

Terlan, Ansitz Liebeneich

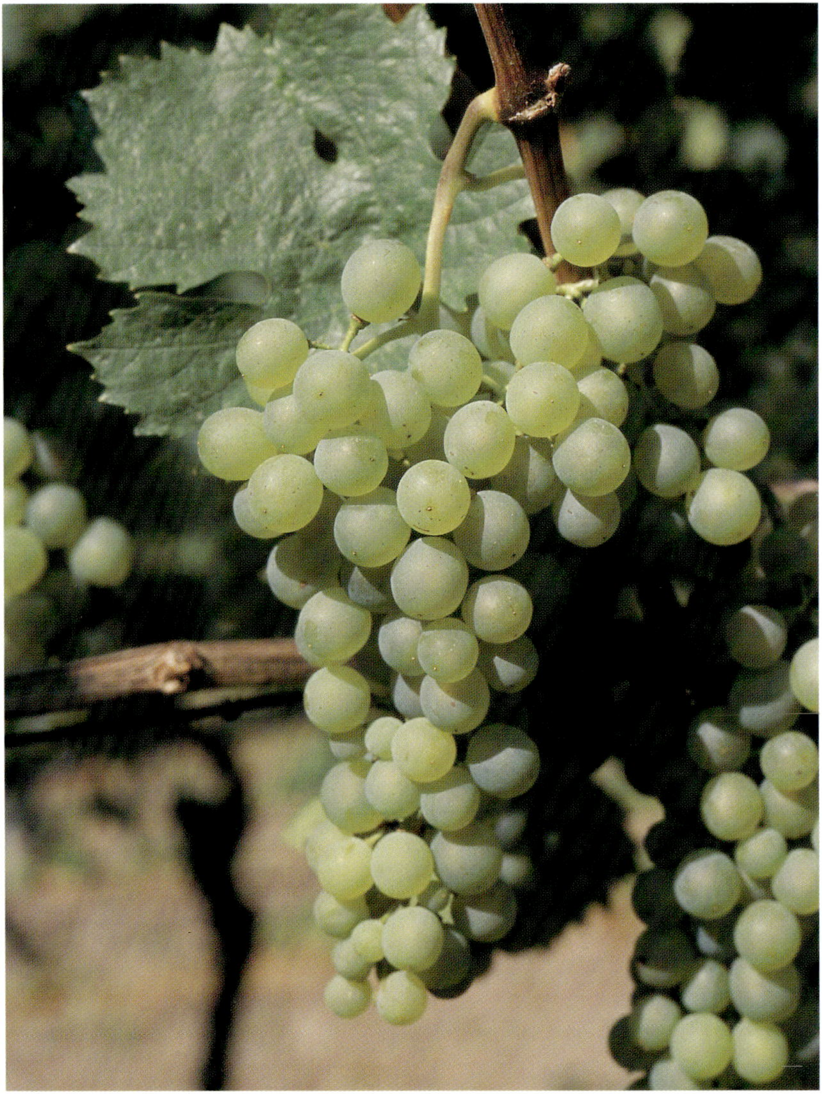

SÜDTIROLER MÜLLER-THURGAU

Anbaufläche: 65 Hektar. **Anbaugebiet:** Kurtatsch, Ritten, Kaltern, Montan, Eppan, Salurn, Karneid, Tramin, Meran, Margreid, Tirol, Lana, Burgstall, Tscherms, Leifers, Neumarkt, Andrian, Völs, Jenesien, Schenna, Algund, Marling, Terlan, Riffian und Auer. **Rebsorte:** Müller-Thurgau. **Anbauform:** Pergel. **Erzeugungsvorschriften:** Höchstertrag 130 dz/Hektar; Mindestalkoholgehalt im Konsum 11% Vol. **Charakteristik:** schmackhafter Weißwein mit ausgeprägtem Charakter. **Farbe:** grünlich bis strohgelb. **Geruch:** blumig, leicht muskiert. **Geschmack:** trocken, frisch, aromatisch, mit angenehmer Fülle. **Lagerfähigkeit:** 1–2 Jahre. **Serviertemperatur:** 8–10 Grad. **Empfiehlt sich:** zu gegrillten oder gebackenen Meeresfrüchten, als Aperitif.

TERLANER MÜLLER-THURGAU

Anbaufläche: 4 Hektar. **Anbaugebiet:** Terlan, Jenesien, Mölten.
Die Zusatzbezeichnung »klassisch« oder »klassisches Ursprungsgebiet« ist für den Müller-Thurgau der Gemeinde Terlan zulässig.

(Andere Angaben siehe »Südtiroler Müller-Thurgau«)

EISACKTALER MÜLLER-THURGAU

Anbaufläche: 78 Hektar. **Anbaugebiet:** Villanders, Klausen, Brixen, Feldthurns, Ritten, Natz-Schabs, Barbian, Völs, Kastelruth, Lajen, Villnöß und Vahrn. Für den Müller-Thurgau der Gemeinden Brixen und Vahrn ist die Zusatzbezeichnung »Brixner« gestattet. **Erzeugungsvorschriften:** Mindestalkoholgehalt im Konsum 10,5% Vol. **Serviertemperatur:** 10–12 Grad. **Empfiehlt sich:** zu leichten Vorspeisen, gegrillten oder gebackenen Meeresfrüchten und als Aperitif.

(Andere Angaben siehe »Südtiroler Müller-Thurgau«)

VINSCHGAUER MÜLLER-THURGAU

Anbaufläche: 1 Hektar. **Anbaugebiet:** Naturns, Partschins, Kastelbell-Tschars, Latsch und Schlanders. **Anbauvorschriften:** Höchstertrag 120 dz/Hektar; Mindestalkoholgehalt im Konsum 10,5% Vol. **Charakteristik:** frischer, fruchtiger, dezent aromatischer Weißwein.

(Andere Angaben siehe »Südtiroler Müller-Thurgau«)

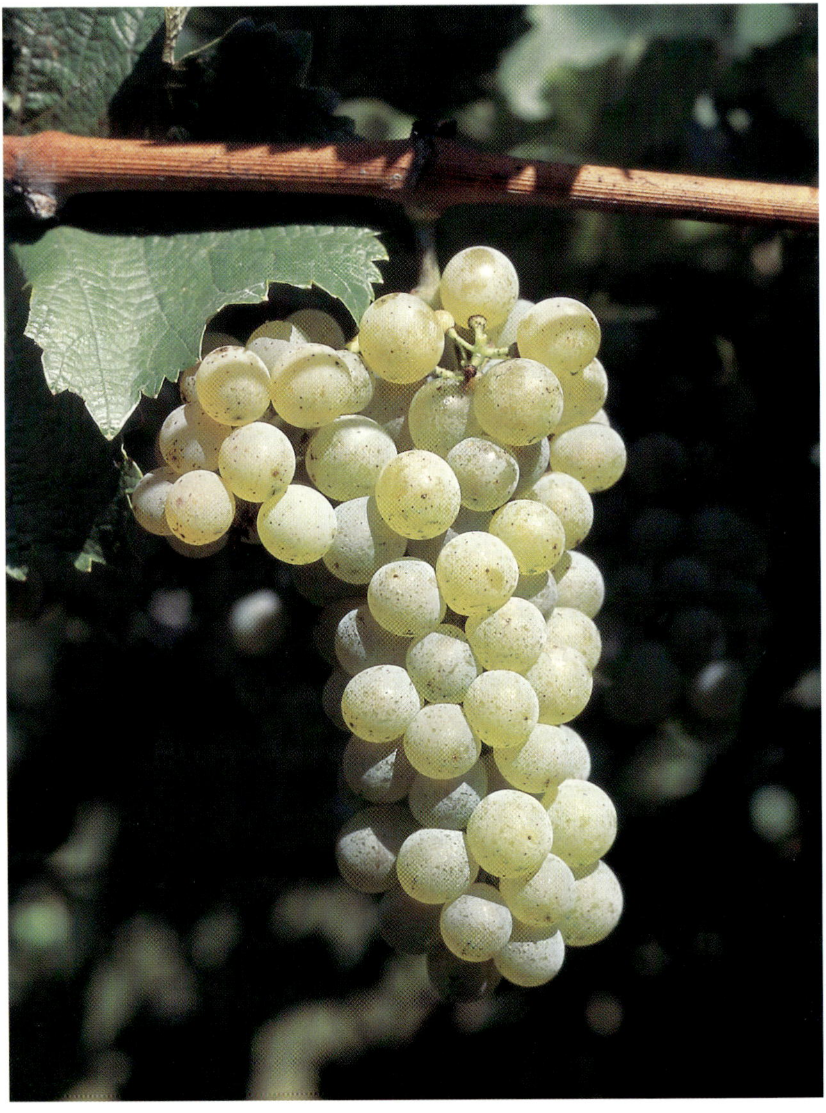

SÜDTIROLER SAUVIGNON

Anbaufläche: 57 Hektar.

Anbaugebiet: Eppan, Kaltern, Kurtatsch, Bozen, Neumarkt, Montan, Margreid, Salurn, Pfatten, Meran, Auer, Tramin, Ritten, Jenesien, Nals, Tscherms und Algund.

Rebsorte: Sauvignon; stammt aus Frankreich und wird in Südtirol seit etwa hundert Jahren angebaut.

Anbauform: Pergel und Drahtrahmen.

Erzeugungsvorschriften: Höchstertrag 130 dz/Hektar; Mindestalkoholgehalt im Konsum 11,5% Vol.

Charakteristik: feiner, leicht aromatischer Wein.

Farbe: grünlichgelb.

Geruch: leicht nach Brennessel, Cassis.

Geschmack: trocken, leicht aromatisch, mit angenehmer Säure.

Lagerfähigkeit: 1–2 Jahre.

Serviertemperatur: 8–10 Grad.

Empfiehlt sich: zu Spargel, Zwiebelsuppe, Fisch (gebacken oder gegrillt), Hirnpofesen, Schnecken, als Aperitif.

TERLANER SAUVIGNON

Anbaufläche: 24 Hektar.

Anbaugebiet: Terlan, Andrian, Nals, Eppan, Mölten.
Die Zusatzbezeichnung »klassisch« oder »klassisches Ursprungsgebiet« ist für den Sauvignon der Gemeinden Terlan, Andrian und Nals zulässig.

Erzeugungsvorschriften: Mindestalkoholgehalt im Konsum 12% Vol.

Farbe: grünlich bis strohgelb.

Geruch: leicht bis ausgeprägt nach grünem Paprika und Brennessel riechend.

(Andere Angaben siehe »Südtiroler Sauvignon«)

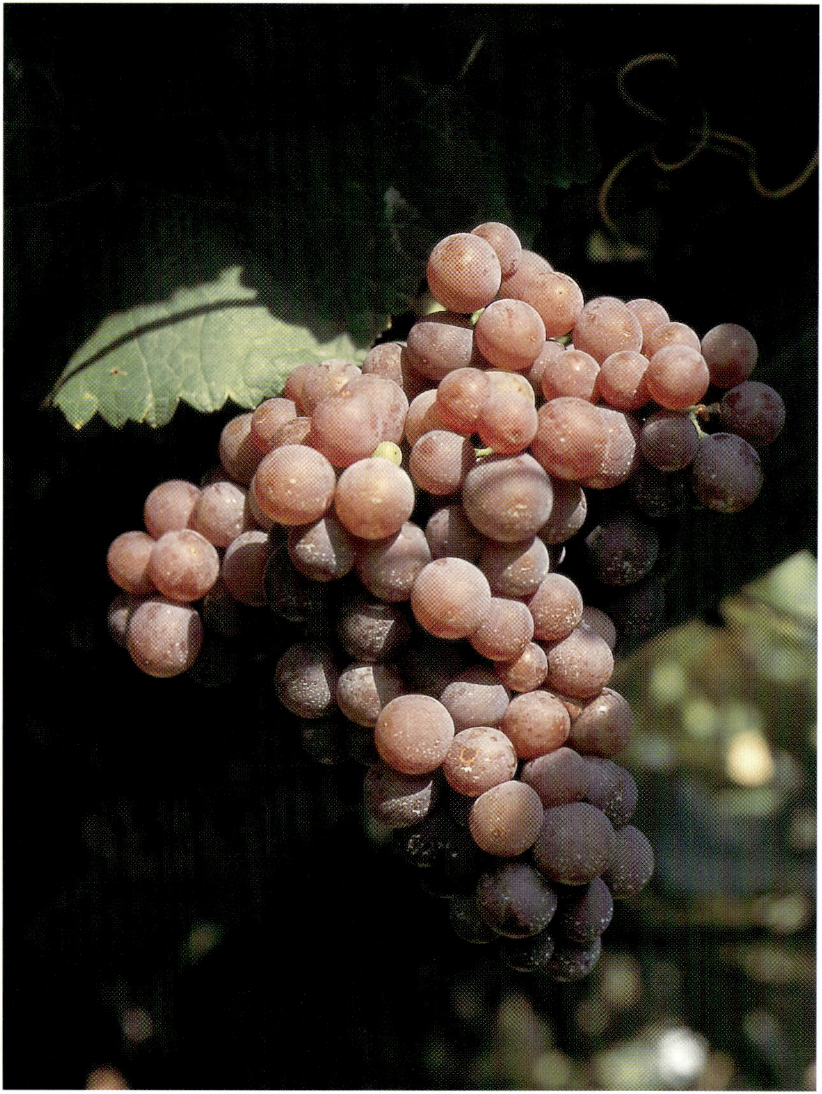

SÜDTIROLER GEWÜRZTRAMINER

Anbaufläche: 142 Hektar.

Anbaugebiet: Tramin, Neumarkt, Montan, Eppan, Kaltern, Kurtatsch, Margreid, Salurn, Terlan, Kurtinig, Meran, Leifers, Pfatten, Ritten, Lana, Auer, Tscherms, Bozen und Karneid.

Rebsorte: Gewürztraminer; die Rebe hat den Namen vom Südtiroler Weindorf Tramin und wird heute in allen wichtigen Weinbaugebieten der Welt angepflanzt.

Anbauform: Pergel oder Drahtrahmen.

Erzeugungsvorschriften: Höchstertrag 120 dz/Hektar; Mindestalkoholgehalt im Konsum 11,5% Vol.

Charakteristik: körperreicher, aromatischer Weißwein. **Farbe:** helles Stroh- bis Goldgelb. **Geruch:** leicht bis ausgeprägt, aromatisch, sortentypisch. **Geschmack:** trocken, vollmundig, angenehm würzig.

Lagerfähigkeit: 1–2 Jahre.

Empfiehlt sich: zu Krabben, Hummer, Gänseleber (Pastete), als Aperitif- und Dessertwein.

EISACKTALER GEWÜRZTRAMINER

Anbaufläche: 26 Hektar. **Anbaugebiet:** Brixen, Ritten, Feldthurns, Völs, Barbian, Villanders, Lajen, Vahrn, Klausen, Villnöß. Für den Gewürztraminer der Gemeinden Brixen und Vahrn ist die Zusatzbezeichnung »Brixner« gestattet. **Erzeugungsvorschriften:** Höchstertrag 100 dz/Hektar; Mindestalkoholgehalt 11% Vol. **Charakteristik:** sortentypischer, eleganter, aromatischer Weißwein. **Farbe:** helles Gelb mit grünlichen Reflexen. **Geruch:** leicht bis ausgeprägt aromatisch. **Geschmack:** trocken, kräftig, angenehm würzig und aromatisch.

(Andere Angaben siehe »Südtiroler Gewürztraminer«)

VINSCHGAUER GEWÜRZTRAMINER

Anbaufläche: 1 Hektar. **Anbaugebiet:** Naturns, Partschins, Kastelbell-Tschars, Latsch und Schlanders. **Erzeugungsvorschriften:** Höchstertrag 90 dz/Hektar; Mindestalkoholgehalt im Konsum 11% Vol. **Charakteristik:** sortentypischer, eleganter, aromatischer Weißwein.

(Andere Angaben siehe »Südtiroler Gewürztraminer«)

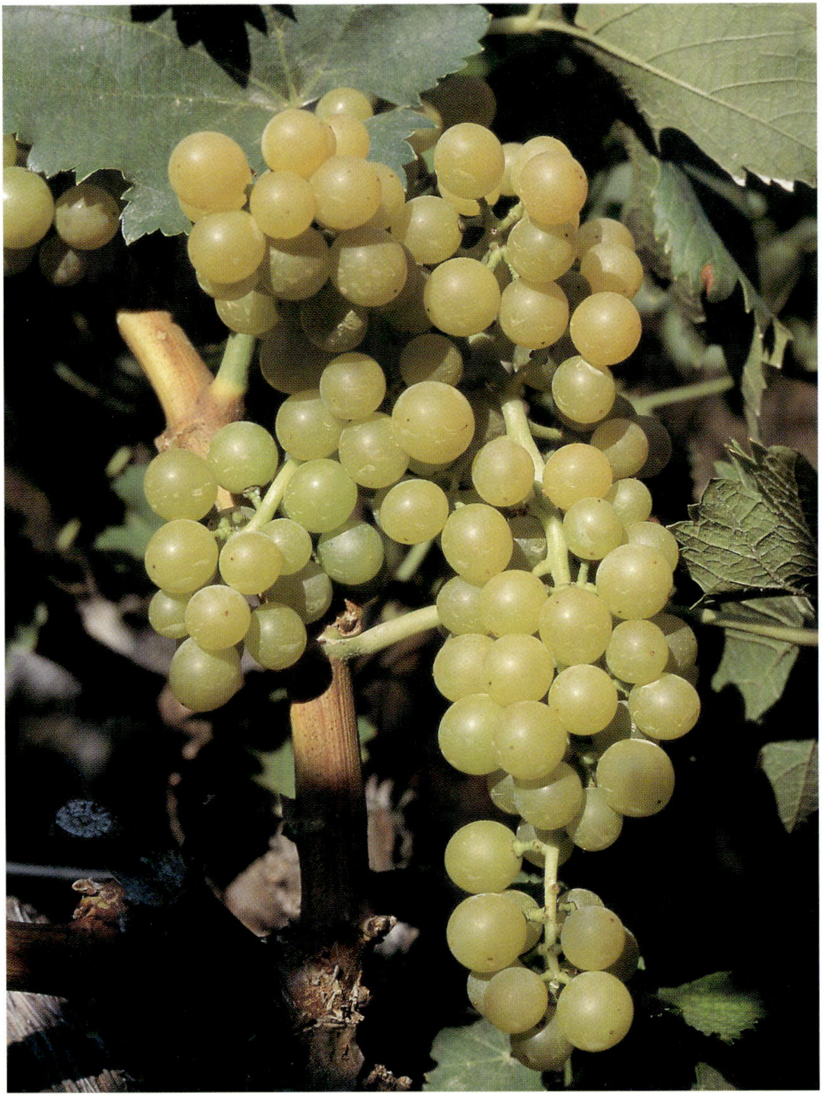

SÜDTIROLER GOLDMUSKATELLER

Anbaufläche: 29 Hektar.

Anbaugebiet: Kaltern, Eppan, Kurtatsch, Bozen, Pfatten, Marling, Leifers, Neumarkt, Branzoll, Salurn, Terlan, Meran, Andrian, Karneid, Tramin, Montan, Tscherms, Margreid und Tirol.

Rebsorte: Goldmuskateller.

Anbauform: Pergel.

Erzeugungsvorschriften: Höchstertrag 100 dz/Hektar; Mindestalkoholgehalt im Konsum 11% Vol.

Charakteristik: feiner, aromatischer Wein.

Farbe: weiches Gelb bis Goldgelb.

Geruch: angenehm nach Muskat.

Lagerfähigkeit: 1–2 Jahre.

Serviertemperatur: 8–10 Grad.

Empfiehlt sich: trocken ausgebaut als Aperitif; süß als Dessertwein und zu Krapfen, Strudel und Kuchen.

Der uralte Weinhof Kreith zwischen Eppan und Kaltern

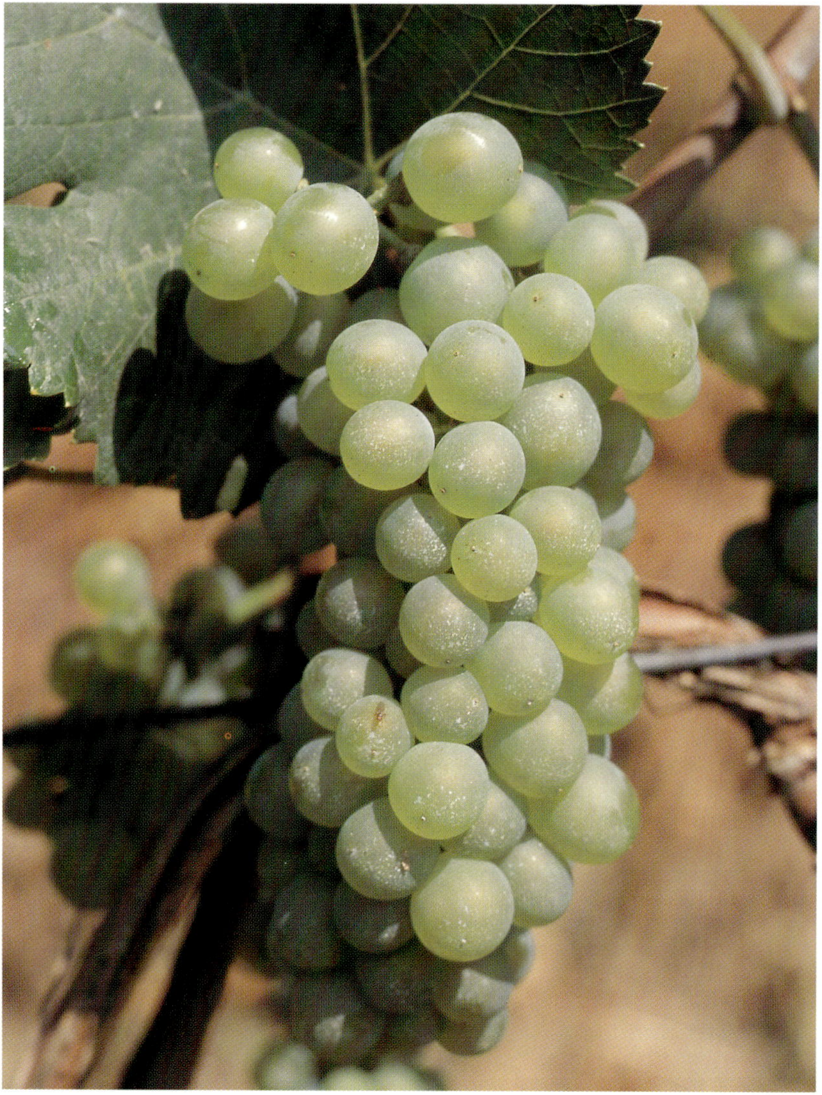

EISACKTALER VELTLINER

Anbaufläche: 11 Hektar.

Anbaugebiet: Ritten, Klausen, Feldthurns, Brixen, Vahrn, Völs, Natz-Schabs, Barbian, Kastelruth, Villanders und Villnöß.
Für den Veltliner der Gemeinden Brixen und Vahrn ist die Zusatzbezeichnung »Brixner« gestattet.

Rebsorte: Frühroter und Grüner Veltliner.

Anbauform: Pergel oder Drahtrahmen.

Erzeugungsvorschriften: Höchstertrag 120 dz/Hektar; Mindestalkoholgehalt im Konsum 10,5 % Vol.

Charakteristik: fruchtiger, angenehm würziger Weißwein.

Farbe: grünlich bis hellgelb.

Geruch: zarte, angenehme Blume.

Geschmack: trocken, würzig, fruchtig, frisch.

Lagerfähigkeit: 1–2 Jahre.

Serviertemperatur: 8–10 Grad.

Empfiehlt sich: zu weichem Käse, Fischvorspeisen, gekochtem oder gegrilltem Fisch und als Aperitif.

Schrambach bei Feldthurns

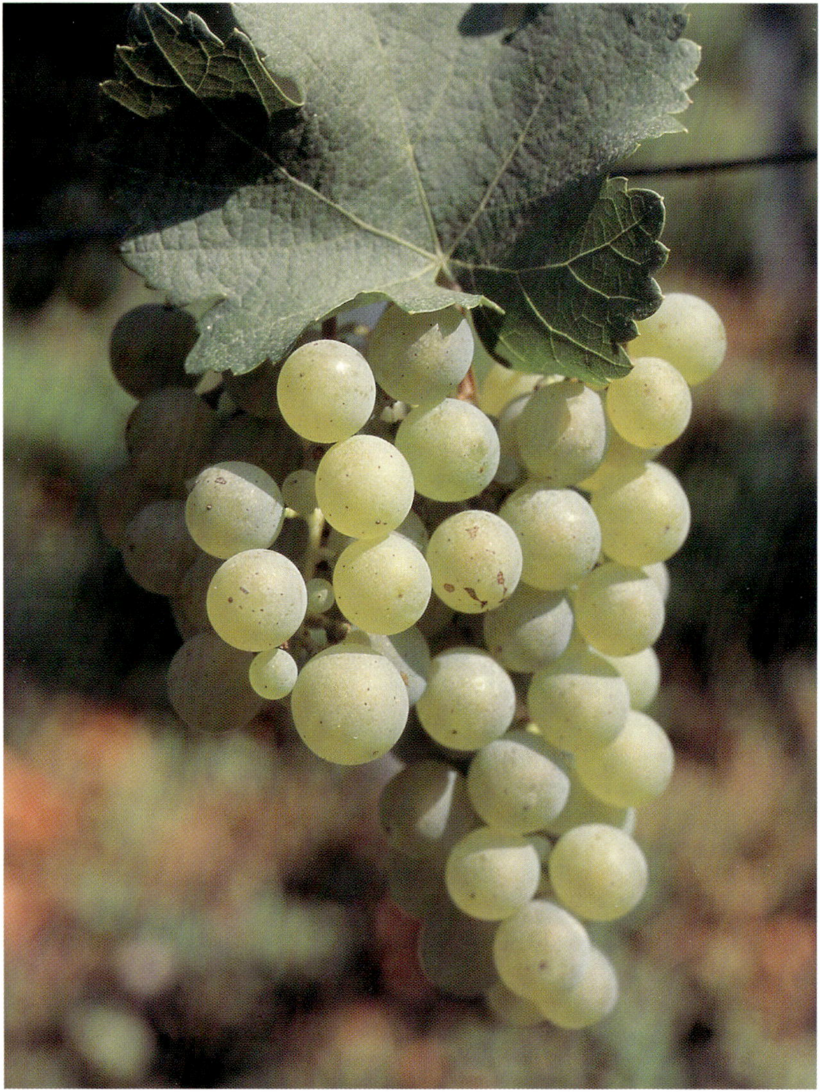

EISACKTALER KERNER

Anbaufläche: 10 Hektar.

Anbaugebiet: Neustift, Brixen, Klausen und Feldthurns.
Für den Kerner der Gemeinde Brixen ist die Zusatzbezeichnung »Brixner« gestattet.

Rebsorte: Kerner.

Anbauform: Pergel und Drahtrahmen.

Erzeugungsvorschriften: Höchstertrag 100 dz/Hektar; Mindestalkoholgehalt im Konsum 11% Vol.

Farbe: strohgelb mit grünen Reflexen.

Geruch: zart, leicht aromatisch.

Geschmack: trocken, voll, würzig.

Lagerfähigkeit: 1–2 Jahre.

Serviertemperatur: 8–10 Grad.

Empfiehlt sich: zu leichten Vorspeisen, gegrilltem Seefisch, als Aperitif.

VINSCHGAUER KERNER

Anbaufläche: 0,4 Hektar.

Anbaugebiet: Naturns, Partschins, Kastelbell-Tschars, Latsch und Schlanders.

Charakteristik: frischer, angenehm aromatischer Weißwein.

Empfiehlt sich: als Aperitif, zu leichten Vorspeisen und Fisch.

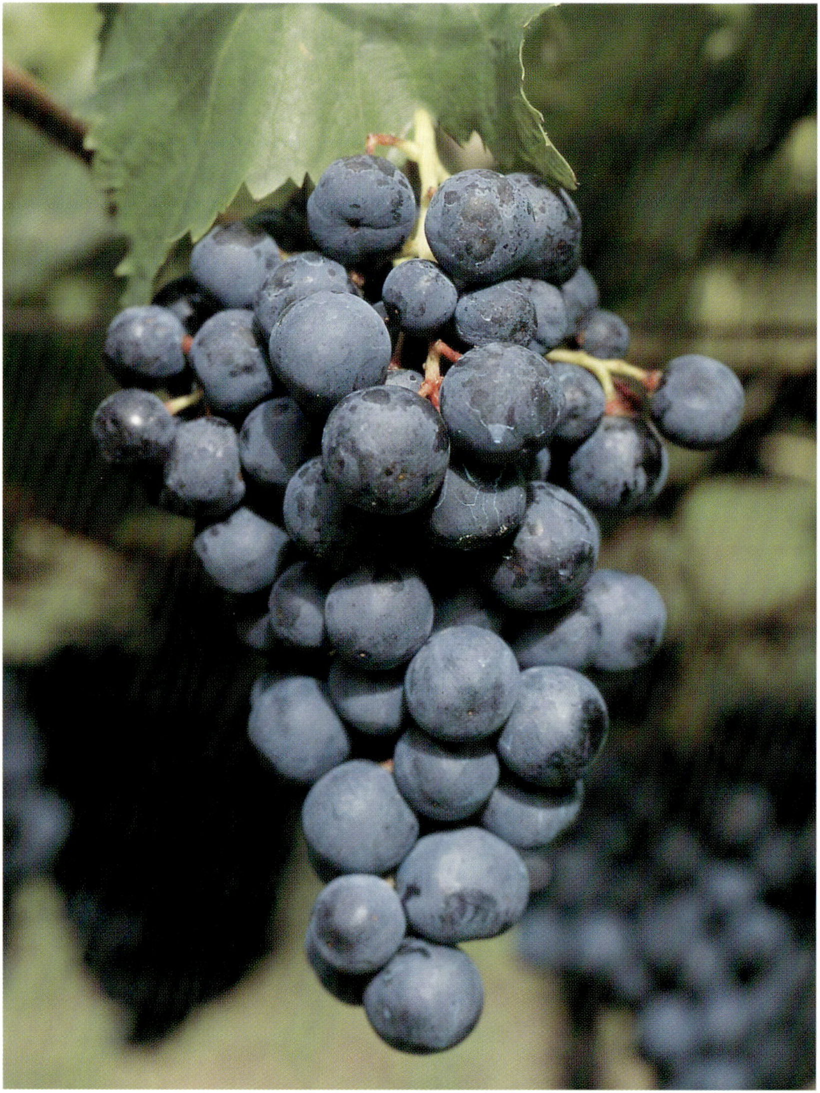

SÜDTIROLER VERNATSCH

Anbaufläche: 787 Hektar.

Anbaugebiet: Eppan, Kaltern, Bozen, Kurtatsch, Tramin, Terlan, Montan, Ritten, Karneid, Neumarkt, Andrian, Leifers, Margreid, Nals, Pfatten, Salurn, Völs, Meran, Tisens, Gargazon, Auer, Riffian, Jenesien, Burgstall, Lana, Kurtinig, Tscherms, Schenna, Marling und Branzoll.

Rebsorte: vorwiegend Groß- oder Edelvernatsch.

Anbauform: Pergel.

Erzeugungsvorschriften: Höchstertrag 140 dz/Hektar; Mindestalkoholgehalt im Konsum 10,5 % Vol.

Charakteristik: leichter, bekömmlicher Rotwein.

Farbe: hellrubinrot bis rubinrot.

Geruch: angenehm, fruchtig, charakteristisch.

Geschmack: trocken, mild, leicht nach Mandeln.

Lagerfähigkeit: 1–2 Jahre.

Serviertemperatur: 13–15 Grad.

Empfiehlt sich: zu Vorspeisen, Speck, Wurst, gekochtem Fleisch, weißem Fleisch (gegrillt oder gebraten), mildem Käse.

Sankt Justina
oberhalb von
Sankt Pauls/Eppan

SÜDTIROLER KALTERERSEE

Anbaufläche: 1001 Hektar.

Anbaugebiet: Kaltern, Eppan, Tramin, Kurtatsch, Neumarkt, Montan, Auer, Pfatten, Branzoll, Nals, Andrian und Margreid.

Die Zusatzbezeichnung »klassisch« oder »klassisches Ursprungsgebiet« ist nur für den Kalterer der neun erstgenannten Gemeinden zulässig; dieser kann auch die übergeordnete Bezeichnung »Südtirol« tragen.

Rebsorte: Vernatsch mit Spielarten, vorwiegend Groß- oder Edelvernatsch; die Rebsorten Blauburgunder und Lagrein dürfen in den Rebanlagen mit höchstens 15 Prozent vertreten sein.

Anbauform: Pergel.

Erzeugungsvorschriften: Höchstertrag 140 dz/Hektar; Mindestalkoholgehalt im Konsum 10,5 % Vol. für Kalterersee; 11 % Vol. für classico superiore und 11,5 % Vol. für Auslese.

Charakteristik: leichter, milder, gerbstoffarmer Rotwein.

Farbe: hellrubinrot bis rubinrot.

Geruch: angenehm, fruchtig, sortentypisch.

Geschmack: trocken, mild, harmonisch, leicht nach Bittermandeln riechend.

Lagerfähigkeit: 1–2 Jahre.

Serviertemperatur: 13–15 Grad.

Empfiehlt sich: zu Vorspeisen, Speck, Wurst, gekochtem Fleisch, weißem Fleisch (gegrillt oder gebraten), mildem Käse.

Der Kalterersee-Auslese darf nur in 0,75- bzw. 0,375-Liter-Flaschen abgefüllt und vermarktet werden. Verschnitt und Anreicherung sind nicht gestattet.

BOZNER LEITEN

Anbaufläche: 20 Hektar.

Anbaugebiet: das gesamte Gemeindegebiet von Leifers und Teilgebiete von Terlan, Jenesien, Bozen, Ritten, Völs und Karneid.

Rebsorte: Vernatsch mit Spielarten, vorwiegend Groß- oder Edelvernatsch; die Rebsorten Lagrein und Blauburgunder dürfen in den Rebanlagen mit höchstens 10 Prozent vertreten sein.

Anbauform: Pergel.

Erzeugungsvorschriften: Höchstertrag 130 dz/Hektar; Mindestalkoholgehalt im Konsum 11% Vol. Aufbesserungen mit Lagrein oder Blauburgunder bis zu 10 Prozent zulässig.

Charakteristik: dem Sankt Magdalener ähnlich.

Farbe: rubinrot bis dunkelrubinrot.

Geruch: angenehm, kräftig, sortentypisch.

Geschmack: trocken, vollmundig, harmonisch.

Lagerfähigkeit: 2–3 Jahre; nach 5–6 Monaten genußreif.

Serviertemperatur: 14–16 Grad.

Empfiehlt sich: zu rotem Fleisch (gegrillt oder gebraten), pikantem Weichkäse.

Das unberührte Dorfbild von Karneid bei Bozen

MERANER ODER MERANER HÜGEL

Anbaufläche: 199 Hektar.

Anbaugebiet: Meran, Tirol, Kuens, Riffian, Schenna, Algund, Marling, Tscherms, Lana, Tisens, Burgstall, Gargazon und Sankt Pankraz.
Der Meraner oder Meraner Hügel kann auch die Zusatzbezeichnung »Burggräfler« tragen.

Rebsorte: Vernatsch mit Spielarten, vorwiegend Groß- oder Edelvernatsch, Tschaggelevernatsch.

Anbauform: Pergel.

Erzeugungsvorschriften: Höchstertrag 125 dz/Hektar; Mindestalkoholgehalt im Konsum 11% Vol.

Charakteristik: etwas kräftiger als der Kalterer.

Farbe: leichtes bis mittleres Rubinrot.

Geruch: zart, sortentypisch.

Geschmack: trocken, würzig, mit angenehmer Fülle.

Lagerfähigkeit: 1–2 Jahre.

Serviertemperatur: 13–15 Grad.

Empfiehlt sich: zu Vorspeisen, Speck, Wurst, gekochtem Fleisch, weißem Fleisch (gegrillt oder gebraten), mildem Käse.

EISACKTALER KLAUSNER LAITACHER

Anbaufläche: 1 Hektar.

Anbaugebiet: Feldthurns, Klausen, Barbian, Villanders.

Rebsorte: Vernatsch mit Spielarten; die Rebsorten Portugieser und Lagrein dürfen in den Rebanlagen mit höchstens 40 Prozent vertreten sein.

Anbauform: Pergel.

Erzeugungsvorschriften: Höchstertrag 125 dz/Hektar; Mindestalkoholgehalt im Konsum 11 % Vol.

Charakteristik: leichter, angenehm süffiger, frischer Rotwein.

Farbe: hellrot bis rubinrot.

Geruch: zart, angenehm, typisch.

Geschmack: trocken, angenehm frisch, mit Struktur.

Lagerfähigkeit: 1–2 Jahre.

Serviertemperatur: 13–15 Grad.

Empfiehlt sich: zu Vorspeisen mit Wurst und Speck.

VINSCHGAUER VERNATSCH

Anbaufläche: 3 Hektar.

Anbaugebiet: Naturns, Partschins, Kastelbell-Tschars, Latsch und Schlanders.

Rebsorte: Spielarten der Vernatschtraube.

Erzeugungsvorschriften: Höchstertrag 120 dz/Hektar; Mindestalkoholgehalt im Konsum 10,5 % Vol.

Charakteristik: leichter, bekömmlicher Rotwein.

Lagerfähigkeit: 1–2 Jahre.

Serviertemperatur: 13–15 Grad.

Empfiehlt sich: zu kräftigen Vorspeisen, Speck, Wurst, gekochtem und weißem Fleisch, mildem Käse.

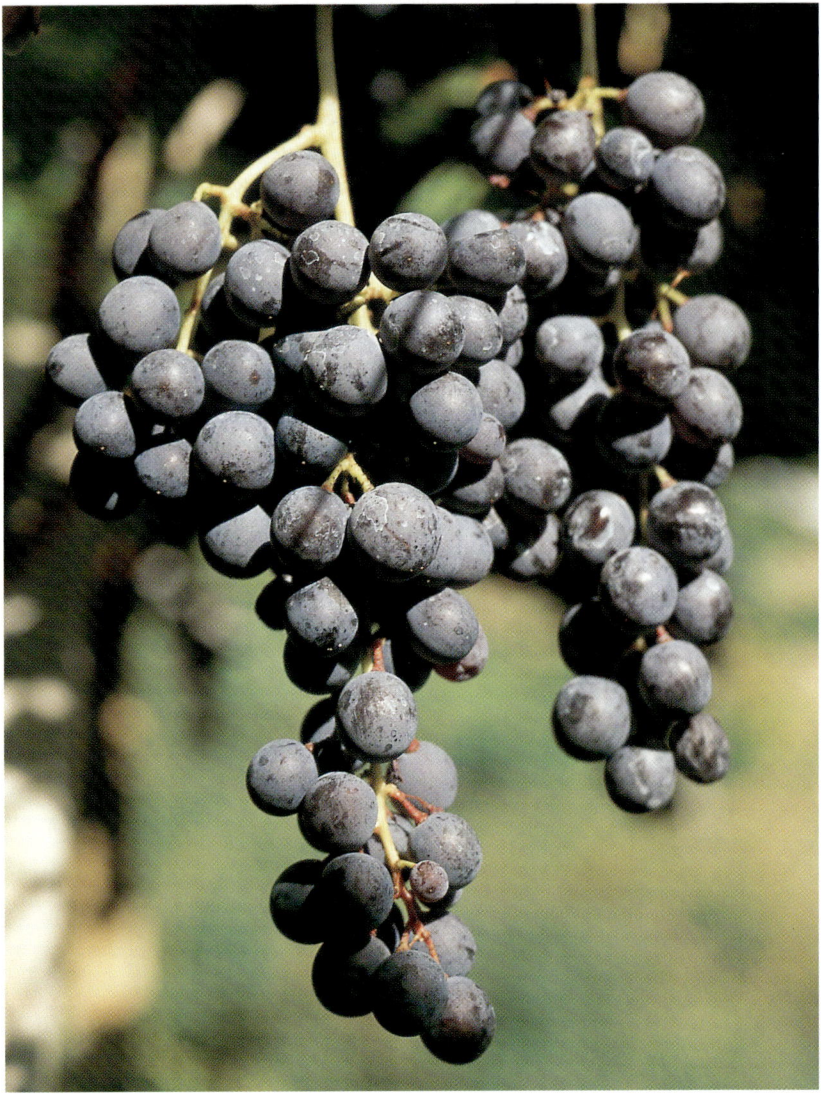

SÜDTIROLER GRAUVERNATSCH

Anbaufläche: 42 Hektar.

Anbaugebiet: Eppan, Kaltern, Kurtatsch, Terlan, Bozen, Neumarkt, Margreid, Ritten, Andrian, Tramin, Branzoll, Nals, Auer, Montan, Leifers und Gargazon.

Rebsorte: Grauvernatsch (Spielart der Vernatschtraube).

Anbauform: Pergel.

Erzeugungsvorschriften: Höchstertrag 140 dz/Hektar; Mindestalkoholgehalt im Konsum 11,5% Vol.

Charakteristik: hellroter, vollmundiger Rotwein.

Farbe: hellrubinrot bis rubinrot.

Geruch: angenehm, zartblumig, charakteristisch.

Geschmack: rund, harmonisch, mild.

Lagerfähigkeit: 1–2 Jahre.

Serviertemperatur: 13–15 Grad.

Empfiehlt sich: zu kräftigen Vorspeisen und weißem Fleisch.

Der Südtiroler Grauvernatsch darf nur in 0,75- bzw. 0,375-Liter-Flaschen abgefüllt und vermarktet werden.

Die Missianer Kirche beherrscht die weite Rebenlandschaft.

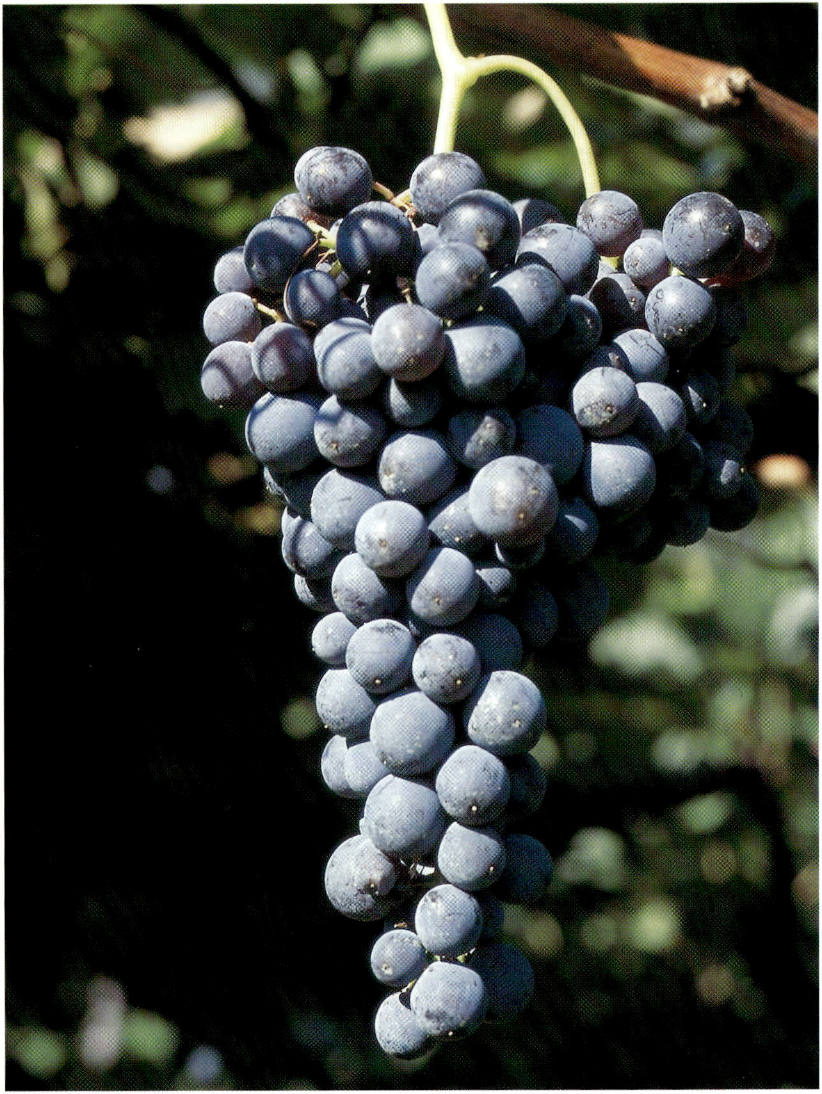

SÜDTIROLER MALVASIER

Anbaufläche: 5 Hektar.

Anbaugebiet: Bozen, Terlan, Meran, Kaltern, Lana und Auer.

Rebsorte: Roter Malvasier.

Anbauform: Pergel.

Erzeugungsvorschriften: Höchstertrag 110 dz/Hektar; Mindestalkoholgehalt im Konsum 11,5 % Vol.

Charakteristik: hellroter Wein mit eigenwilligem, sortentypischem Charakter.

Farbe: hellrubinrot mit lachsfarbenen Reflexen.

Geruch: dezent, mit eigenwilliger Blume.

Geschmack: trocken, weich, harmonisch, mit ausgewogenem Körper.

Lagerfähigkeit: 1–2 Jahre.

Serviertemperatur: 13–15 Grad.

Empfiehlt sich: zu geräuchertem Lachs, pikanten Fischgerichten, Hasenbraten, pikantem Weichkäse.

Ein Teil der noch verbliebenen Weingärten von Bozen-Dorf

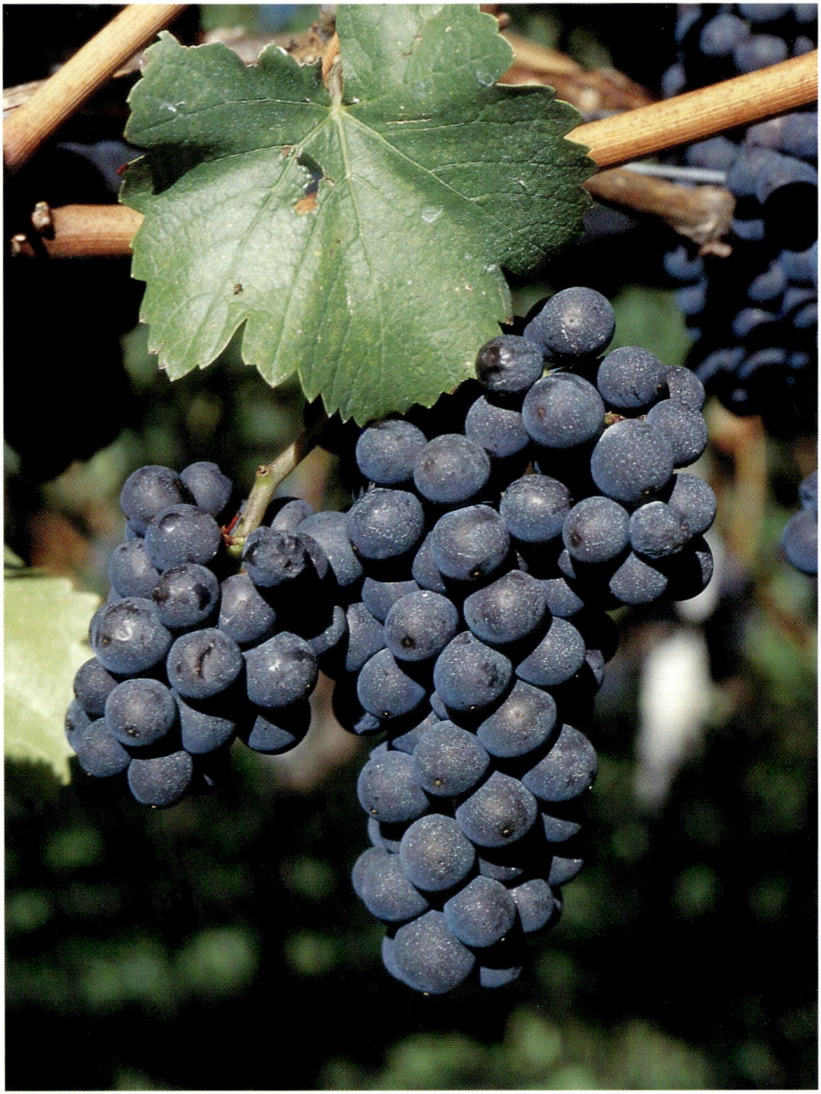

SÜDTIROLER BLAUBURGUNDER

Anbaufläche: 252 Hektar.

Anbaugebiet: Neumarkt, Eppan, Montan, Salurn, Kaltern, Kurtatsch, Meran, Terlan, Kurtinig, Margreid, Ritten, Leifers, Bozen, Auer, Andrian, Branzoll, Tramin, Tscherms, Pfatten, Jenesien, Völs, Sankt Pankraz, Marling, Burgstall und Tisens.

Rebsorte: Blauburgunder oder Spätburgunder (Pinot noir); stammt aus dem Burgund und wird seit etwa hundert Jahren in Südtirol angebaut.

Anbauform: Pergel und Drahtrahmen.

Erzeugungsvorschriften: Höchstertrag 120 dz/Hektar; Mindestalkoholgehalt im Konsum 11,5 % Vol.

Farbe: rubinrot, mit ziegelroten Reflexen nach längerer Lagerung.

Geruch: ätherisch, angenehm, sortentypisch.

Geschmack: trocken, vollmundig, mit angenehmer Gerbsäure.

Lagerfähigkeit: 4–5 Jahre; besondere Jahrgänge auch länger; nach zweijähriger Lagerung im Holzfaß ist die Zusatzbezeichnung »Riserva« gestattet.

Serviertemperatur: 16–18 Grad.

Empfiehlt sich: zu rotem Fleisch (gegrillt oder gebraten), Wild und pikantem Hartkäse.

VINSCHGAUER BLAUBURGUNDER

Anbaufläche: 5 Hektar.

Anbaugebiet: Naturns, Partschins, Kastelbell-Tschars, Latsch und Schlanders.

Erzeugungsvorschriften: Höchstertrag 100 dz/Hektar; Mindestalkoholgehalt im Konsum 11 % Vol.

Charakteristik: voller Rotwein mit feiner, fruchtiger Blume.

Empfiehlt sich: zu gegrilltem und gebratenem Fleisch, Wild und Federwild, gereiftem Hartkäse.

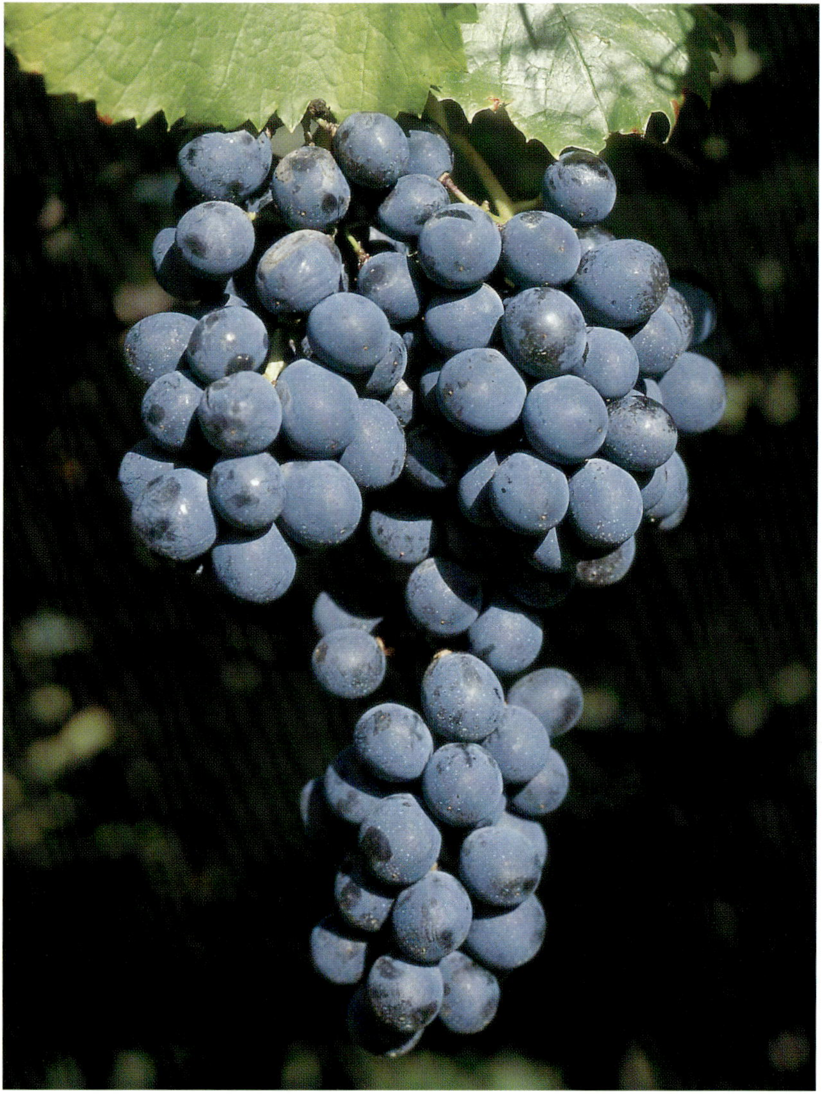

SÜDTIROLER LAGREIN

Anbaufläche: 256 Hektar.

Anbaugebiet: Bozen (mit den Lagen Gries, Fagen, Bozen-Dorf), Auer, Eppan, Kurtatsch, Neumarkt, Andrian, Kaltern, Terlan, Branzoll, Tramin, Margreid, Salurn, Leifers, Lana, Algund, Ritten, Montan, Pfatten, Nals, Marling, Tscherms, Kurtinig, Meran, Karneid, Gargazon.

Der Lagrein aus Bozen-Gries kann die Zusatzbezeichnung »Lagrein aus Gries« oder »Grieser Lagrein« tragen.

Rebsorte: Lagrein (heimische Rebsorte).

Anbauform: Pergel.

Erzeugungsvorschriften: Höchstertrag 140 dz/Hektar; Mindestalkoholgehalt im Konsum **a)** Lagrein Kretzer oder Rosè 11 % Vol.; **b)** Lagrein Dunkel 11,5 % Vol.

Farbe: a) Lagrein Kretzer oder Rosè (weißgekeltert) rosarot bis hellrubinrot; **b)** Lagrein Dunkel rubinrot bis dunkelgranatrot.

Geruch: a) zart, angenehm, charakteristisch; **b)** angenehm, nach Veilchen, sortentypisch.

Geschmack: a) Lagrein Kretzer trocken, frisch, lebhaft, anregend; **b)** Lagrein Dunkel trocken, voll, samtig, leicht herb.

Lagerfähigkeit: a) Lagrein Kretzer 1–2 Jahre; **b)** Lagrein Dunkel 4–5 Jahre, Spitzenjahrgänge auch länger.

Serviertemperatur: a) Lagrein Kretzer 10–12 Grad; **b)** Lagrein Dunkel 16–18 Grad.

Empfiehlt sich: a) Lagrein Kretzer zu kräftigen Vorspeisen, geräuchertem Fisch und weißem Fleisch; **b)** Lagrein Dunkel zu Wild, Federwild, dunklem Fleisch, Hartkäse.

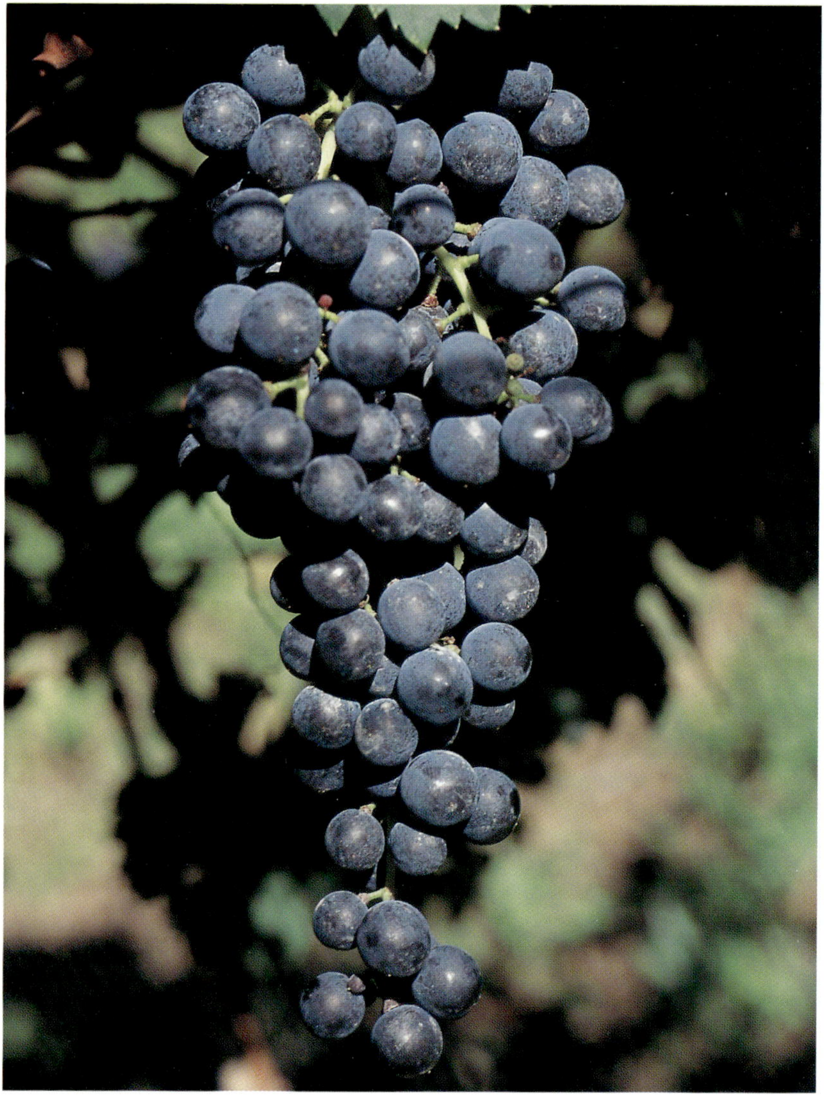

SÜDTIROLER MERLOT

Anbaufläche: 78 Hektar.

Anbaugebiet: Margreid, Terlan, Auer, Salurn, Kaltern, Neumarkt, Eppan, Montan, Tisens, Andrian, Pfatten, Meran, Kurtinig, Kurtatsch, Tramin, Bozen, Leifers, Nals, Gargazon und Tscherms.

Rebsorte: Merlot.

Anbauform: Pergel.

Erzeugungsvorschriften: Höchstertrag 130 dz/Hektar; Mindestalkoholgehalt im Konsum 10,5 % Vol.

Farbe: granatrot bis dunkelgranatrot.

Geruch: angenehm, sortentypisch, leicht nach Johannisbeeren riechend.

Geschmack: vollmundig, leicht herb, sortentypisch.

Lagerfähigkeit: 4–5 Jahre, besondere Jahrgänge auch länger; nach zweijähriger Lagerung im Holzfaß ist die Zusatzbezeichnung »Riserva« gestattet.

Serviertemperatur: 16–18 Grad.

Empfiehlt sich: zu Hasenbraten, Wild, Federwild, pikantem Käse.

Kurtatsch
im Südtiroler
Unterland

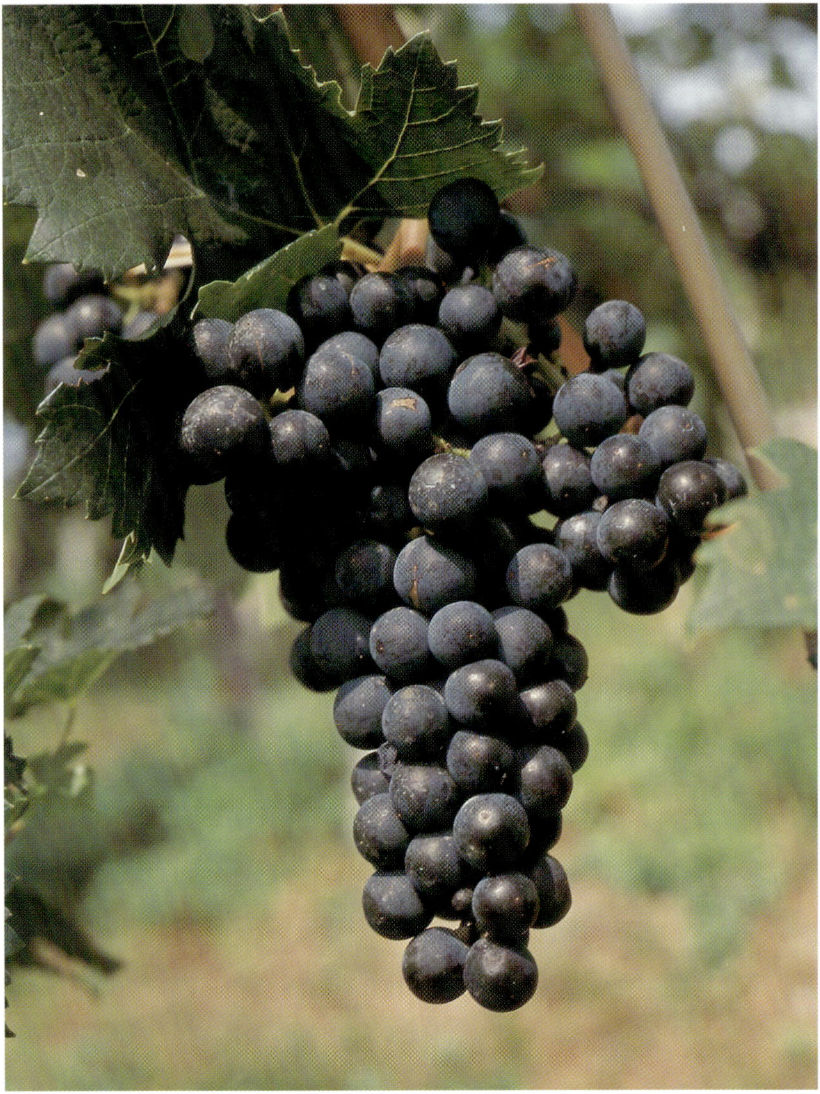

SÜDTIROLER CABERNET

Anbaufläche: 103 Hektar.

Anbaugebiet: Margreid, Kurtatsch, Kaltern, Branzoll, Terlan, Tramin, Neumarkt, Bozen, Meran, Pfatten, Auer, Salurn, Nals, Montan, Eppan, Tscherms, Marling, Kurtinig.

Rebsorten: Cabernet-Sauvignon und Cabernet-Franc.

Anbauform: Pergel und Drahtrahmen.

Erzeugungsvorschriften: Höchstertrag 110 dz/Hektar; Mindestalkoholgehalt im Konsum 11,5 % Vol.

Charakteristik: kräftiger Rotwein mit ausgeprägtem Sortencharakter.

Farbe: granatrot bis dunkelgranatrot.

Geruch: leicht nach Johannisbeeren und wildem Wein.

Geschmack: voll, kräftig, anhaltend.

Lagerfähigkeit: 4–5 Jahre, Spitzenjahrgänge auch länger; nach zweijähriger Lagerung im Holzfaß ist die Zusatzbezeichnung »Riserva« gestattet.

Serviertemperatur: 16–18 Grad.

Empfiehlt sich: zu rotem Fleisch (gegrillt oder gebraten), zu Wild, Federwild, pikantem Käse.

SÜDTIROLER CABERNET-LAGREIN

Charakteristik: kräftiger, vollmundiger Rotwein.

(Andere Angaben siehe »Südtiroler Cabernet«)

SÜDTIROLER CABERNET-MERLOT

Charakteristik: kräftiger, vollmundiger Rotwein.

(Andere Angaben siehe »Südtiroler Cabernet«)

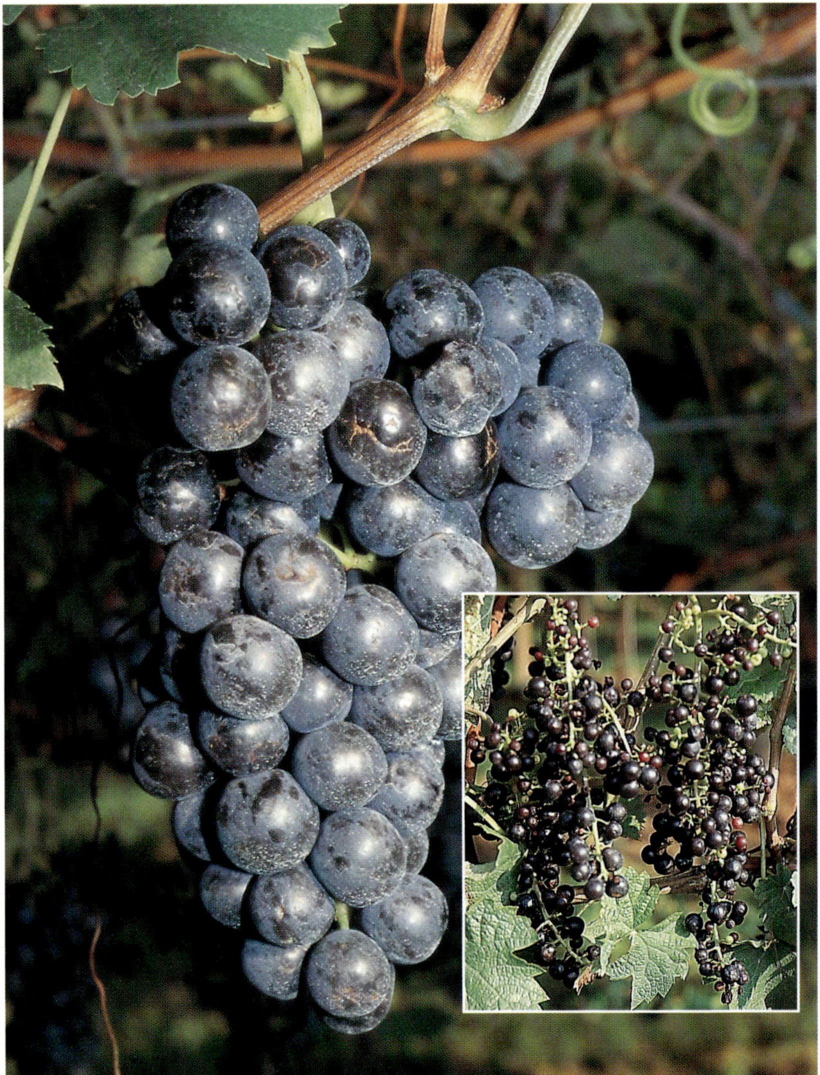

SÜDTIROLER ROSENMUSKATELLER

Anbaufläche: 9 Hektar.

Anbaugebiet: Kaltern, Eppan, Neumarkt, Tramin, Leifers, Margreid, Montan, Nals, Bozen, Auer und Kurtatsch.

Rebsorte: Rosenmuskateller.

Anbauform: vorwiegend Pergel.

Erzeugungsvorschriften: Höchstertrag 60 dz/Hektar; Mindestalkoholgehalt im Konsum 12,5 % Vol.

Charakteristik: feiner, aromatischer roter Dessertwein mit zarter Blume.

Farbe: helles Rubinrot.

Geruch: zart, nach Rosen.

Geschmack: vollmundig, würzig, süß.

Lagerfähigkeit: 3–4 Jahre, bei Spitzenjahrgängen auch länger.

Serviertemperatur: 8–10 Grad.

Empfiehlt sich: zu Krapfen, Mohnstrudel.

Die beiden Abbildungen bieten einen Vergleich zwischen einer ertragreichen Züchtung und einer alten Rebe, die nur kleinbeerige, schüttere Trauben hervorbringt.

GLOSSAR

Abziehen	Das Umfüllen des Weines in andere Fässer und in Flaschen.
Amerikanische Unterlage	Gegen die Reblaus immune Unterlagsrebe, die zur Veredlung verwendet wird.
Ansetz	Ebenerdiger Vorraum des Weinkellers, wo die Maische zur Gärung gebracht wird.
Aufgantern	Das Aufstellen und Verkeilen der Fässer auf dem Ganter.
Aufpergeln	Das jährliche Wiederaufrichten und Instandsetzen der Pergeln vor dem Rebschnitt.
Aufschlag	Das Errichten einer Pergelanlage (Aufpergeln).
Auftragen	Das Aufschütten der Maische aus den Zummen in die Stander.
Augen	Die Knospen der Reben, aus denen sich im Frühjahr die Sommertriebe entwickeln.
Ausbauen	Die Entwicklung des Jungweines während der Lagerung.
Ausgabeln	Wenn bei anhaltendem Regen die Blüte gestört wird, entwickeln sich die heranwachsenden Gescheine zu gabelförmigen Haftranken.
Äußer	Die sonnseitige Lehne der Pergel; die Schattenseite ist der Bodenzug.
Bitterle	Trinkfäßchen.
Bandfirmen	Zurechtschneiden der zum Binden der Reben verwendeten Weidenruten.
Blume	Gesamteindruck der von den Bukettstoffen gebildeten Geruchsentwicklung des Weines.
Bottich	Größeres, rundes Holzgefäß.
Braschgele	Aus wenigen Beeren bestehendes Teilstück einer Traube.
Brater	Fleischtraube, nach dem mhd. brat »weiches Fleisch«; lang haltbare Traubensorte, die als Eßtrauben aufbewahrt wurden.
Bratschen	Die abgebeerten Traubenkämme (Stengelteile).
Bukett	Die Eigenart eines Weines an Duftstoffen, die seine Blume bilden.

Buschen	Strauß oder Kranz aus Buchsbaum- oder Fichtenzweigen, die den zeitweiligen Ausschank von Eigenbauweinen kennzeichnen.
Daumen	Die zur periodischen Verjüngung des Rebholzes bis auf ein bis zwei Augen zurückgeschnittenen Triebe der Rebe.
Deachtnen	Das »Dichtmachen« der Gebinde im Wasser.
Depot, Satz	Am Flaschenboden abgelagerte Ausscheidungen des Weines.
Dörfl	Im mittleren Eisacktal gebräuchliche Bezeichnung für einen geschlossenen Rebenbestand.
Druck	Aus den vergorenen Trestern gepreßter Nachwein, der früher als Haus- und Gesindetrunk verwendet wurde.
Essigstich	Krankhafte Veränderung des Weines, wobei der Alkohol durch Essigbakterien in Essigsäure verwandelt wird.
Felerband	Die zum Anbinden der Reben verwendeten Ruten der Dotterweide (Salix alba ssp. vitellina).
Flüg	Die Ausladung des Pergelgerüstes, das Pergeldach.
Fraueler	Weiße Traubensorte, die besonders im Vinschgau verbreitet war.
Ganter	Massives Balkengestell, auf dem im Keller die Fässer aufliegen.
Gärkandel, Gärspund	Ton- oder Glasgefäß, das zum Schutz gegen Verunreinigungen über das Spundloch des Gärfasses gestülpt wurde.
Garzen	Schöße, Triebe der Rebe.
Geiztriebe	Unfruchtbare Triebe, die im Herbst absterben und im Sommer immer wieder entfernt werden müssen, da sie dem Rebstock Nahrung entziehen.
Gemischter Satz	Der Anbau und die Vergärung verschiedener Traubensorten.
Gonzal	Im Südtiroler Unterland gebräuchliche Bezeichnung für »Zumm«.
Gschlafene	Vermutlich aus Slawonien stammende Rebsorte, wegen ihrer lichtroten Farbe auch Rossara genannt.
Guntanellen	Fuß- und Firststangen des alten Pergelgerüstes.
Härtling	Großbeerige, weiße und rote, aus Ungarn stammende Tafeltraube.
Heunische	Alte Rebsorte, die in Südtirol schon um 1500 erwähnt wird und vermutlich aus Ungarn stammt (ungarisch-hunnisch).
Höpfwein, Kretzer	Der von den Trauben abgepreßte Wein, im Gegensatz zum Vergärner, der auf den Trestern vergoren wird.

Hüeteln	Das Bedecken schwacher Rotweine mit frischen Trestern, um zur Verbesserung der Qualität eine neue Gärung herbeizuführen.
Jungferlen	Infolge unvollkommener Blüte schüttere, kleinbeerige, aber sehr süße Trauben des Grauvernatsch, die einen besonders guten Auslesewein ergaben.
Kahmig, kunig	Die Schimmelbildung im Wein mit den sich an der Oberfläche absetzenden Krankheitskeimen, den »Kunen«.
Kamm, Kämme	Die grünen Stengelteile der Traube.
Kammer	Der Abstand zwischen einer Pergelsäule und der anderen.
Kastelt, Koschgelt	Verschließbares Maischefaß, das besonders für den Transport auf steilen Bergwegen eingesetzt wurde.
Kiefter	Trichterartiges Holzgefäß, das zum Umschütten des Weines verwendet wurde.
Kretzer	Der unmittelbar nach der Ernte von den Trestern abgepreßte Wein.
Kunst	Das beim Umschöpfen in die Zumme eingehängte Blech, das die verschüttete Maische in den Bottich zurückfließen läßt.
Labruscarebe	Weniger gebräuchliche Bezeichnung der Erdbeerrebe.
Lafer	Ausläufer, die fruchttragende Rute der Rebe.
Lagel, Lagl	Kleines, flaches, dem Tragtier angepaßtes Faß mit 25 Liter Inhalt.
Lauer	Mundartliche Bezeichnung für Trichter.
Leeg	Die genossenschaftliche Vereinigung zur Pflege und Erhaltung der landwirtschaftlichen Wasserversorgung.
Leger	Die bei der Nachgärung sich am Boden ansetzenden hefeartigen Bestandteile des Weines.
Leps, Wasserwein	Durch Aufschütten von Wasser auf die vergorenen Trestern und Beigabe von Zucker wird eine nochmalige Gärung herbeigeführt.
Luftelen	Luftgeschmack des Weines, wenn er im nicht ganz gefüllten Faß mit der Luft in Berührung gekommen ist.
Lüften	Das mehrmalige Abziehen des Jungweines, um seine Entwicklung und Luftbeständigkeit zu fördern.
Madrailen	Die sich aus den ausgegabelten Trauben gebildeten Haftranken, die sich an Drähten und anderen Lafern festklammern.

Marzan	So heißen im Burggrafenamt die schräg liegenden Stangen des Pataungerüstes, auf denen die Stellaun befestigt werden.
Morditschen	Die am alten Holz austreibenden Schosse.
Moster	Großer Holzstößel mit einem Kolben aus Hartholz zum Zerstampfen der Trauben.
Panzen	Rundes Faß.
Pataun	Im Burggrafenamt übliche Bezeichnung für das tragende Holzgerüst der Dachlaube.
Pazeide	Dreieckiges Holzgefäß mit verlängerter Daube als Handgriff; galt früher auch als Flüssigkeitsmaß.
Pergel	In Südtirol typische Ziehungsart der Reben, abgeleitet vom lateinischen pergola, die Laube.
Pip'	Faßhahn.
pipeln	Viel trinken.
Plodern	Plapperndes Geräusch der sich in Gärung befindlichen Maische.
Portugieser	Rote Traubensorte, die besonders für höhere Lagen geeignet ist und deshalb die Grundlage vieler Bauernweine bildet.
Prabster, Weinpropst	Weinbauaufseher, der besonders den Wimmvorgang beobachten mußte.
Praschglet	Traubenmaische.
Preil	Preßbalken der Weinpresse (Torggl).
Profen	Ableger der Rebe, die in den Boden versenkt und nach der Wurzelbildung von der Mutterpflanze getrennt werden.
Pullgn	Säcke aus Leder zum Säumen von Wein und Getreide.
Rasel	Setzling der Rebe.
Raut	Gerodeter oder durch Umgraben neu aufbereiteter Weinacker.
Rebeln	Das Trennen der Beeren von den Kämmen der Traube.
Reber	Sichelförmiges Messer zum Abschneiden der Trauben und des zum Binden verwendeten Felerbandes.
Restzucker	Unvergorener Fruchtzucker.
Rigolen	Das Ziehen von Gräben zur Lockerung des Bodens.
Rugatte	Ackereule, eine Schmetterlingsart, von deren Raupen die jungen Rebknospen angefressen werden.

Saltner	Feld- und Weingartenhüter.
Saltnerpratze	Eine zur Reifezeit am Eingang eines Feldweges angebrachte hölzerne Hand, die auf die Anwesenheit eines Saltners aufmerksam machen sollte.
Säulen	Holzpfähle, die das Pergelgerüst halten (Pergelsäulen).
Schab	Gebündeltes Reisig, das beim Rebschnitt abfällt.
Schabigen, Ausbrocken	Das Ausbrechen des überflüssigen Laubes und das Entfernen der unfruchtbaren Triebe.
Schaffl	Holzgefäß, in das bei der Weinlese die Wimmschüsseln entleert und mit welchem die Zummen aufgefüllt werden.
Schalter	Tragstangen, auf denen früher die Stellaun und heute die Drähte aufliegen.
Schanz	Die auf dem Bottich aufliegenden, miteinander verbundenen Rundhölzer, auf welche die Koschgelt zum Entleeren gerollt wird.
Schieben	Das Hervorbrechen der jungen Trauben.
Schilcher	Zwischen Rot und Weiß spielender (schielender) Wein.
Schwebwurzeln, Luftwurzeln	Bilden sich am Rebstock oberhalb der Erde und können bei starker Entwicklung die Hauptwurzeln schädigen.
Spigeln	Das nach der Weinlese allgemein erlaubte Suchen nach einzelnen Trauben, die beim Wimmen übersehen wurden.
Spinell	Kleiner Holzzapfen zum Verschließen des zur Entnahme von Kostproben in das Faß gebohrten Loches.
Spund	Verschlußzapfen des Faßloches.
Stander	Große Stehfässer, in denen die Maische zur Gärung gebracht wird.
Steigraum	Sicherheitsabstand im Stander, damit die während der Gärung sich ausdehnende Maische nicht überquillt.
Stellaun	Im Meraner Gebiet übliche Bezeichnung für die das Dachgerüst bildenden Latten.
Stiefler	Zweijährige Reben, die an einen Stock (Raslstecken) gebunden werden.
Stingler	Druckwein, der aus vergorenen Trestern, sozusagen mit »Putz und Stingel« gepreßt wird.
Stoaß	Zusammenhängender Bestand von Pergelreihen.

Stöl	Treppenartig angelegtes Stück Weinberg.
Stoßbank	Großes Werkzeug zum Hobeln der Faßdauben.
Stotz	Kübelartiges Holzgeschirr.
Stuck	Weingut, Weinacker.
Töbelen	Nach verdorbener, dumpfer Luft riechend, als Folge schlecht gereinigter Fässer.
Torggel	Weinpresse.
Traschgelen	Traubenkämme, auch kleine Teile einer Traube (Tschaggele).
Treber	Siehe Trester, ist auch Sammelbegriff des aus Trestern gebrannten Schnapses.
Trester	Die Rückstände der abgepreßten Traubenmaische.
Tschaggele	Aus wenigen Beeren bestehender Teil einer Traube.
Vergärner	Der auf den Trestern vergorene Wein (zum Unterschied des von den Trauben abgepreßten Höpfweines).
Vernatsch	Die in Südtirol am meisten angebaute Rebsorte mit verschiedenen Spielarten.
Wanne	Ovales Holzgefäß, zum Transport der Maische eingesetzt.
Wasserwasser	Zur Bewässerung der Güter über die Waale hergeleitetes Wasser.
Weimer	Mundartlicher Ausdruck für Trauben.
Weingartholz	Sammelbegriff für die zum Aufstellen des Pergelgerüstes erforderlichen Holzteile.
Weinritt	Der zu Jakobi (25. Juli) erfolgte Besuch der Weinhändler bei den Kunden zur Festlegung und Abrechnung des gelieferten Weines.
Weinstein	Kristallisierte Kalium- und Kalziumsalze der Weinsäure (Tartare).
Wimmen	Weinlese.
Woanen	Austreten des an die Spitzen der Reben vorgedrungenen Saftes.
Yhre	Ovales Holzgefäß, das auch als Weinmaß verwendet wurde.
Zicken	Der Wein hat einen Essigstich.
Zuber	Mit zwei Handgriffen versehenes Holzgefäß.
Zumm	Hölzernes Traggefäß, mit dem beim Wimmen die Trauben zum Bottich getragen werden.

QUELLENVERZEICHNIS

1. Dietmar Stutzer: Weingüter bayerischer Prälatenklöster in Südtirol, Rosenheim 1980, Seite 19 f.
2. R. Ratti: Civiltà del vino, Roma 1973, Seite 63
3. Karl Theodor Hoeniger: Unser Wein in alter Zeit, Südtiroler Bauernkalender, Bozen 1960
4. Josef Nössing: Weinwirtschaft im Mittelalter, Heilbronn 1997, Seite 197
5. Dietmar Stutzer: Weingüter bayerischer Prälatenklöster in Südtirol, Rosenheim 1980, Seite 154
6. Lajos Ruff: Lob der Königsarznei, Wien 1968, Seite 98
7. Dietmar Stutzer: Weingüter bayerischer Prälatenklöster in Südtirol, Rosenheim 1980, Seite 101
8. Hermann Mang: Heiligenminne, Der Schlern 1928, Seite 151
9. Nikolaus Grass: Alm und Wein, Hildesheim 1990, Seite 416 ff.
10. Karl Theodor Hoeniger: Südtiroler Weinfibel, Bozen 1964, Seite 103
11. Wimmer/Melzer: Lexikon der Namen und Heiligen, Innsbruck 1988, Seite 425
12. Guido Fuchs: Agape-Feiern, Seite 20
13. Mitgeteilt von Luis Augschöll, Sankt Moritz/Villanders
14. Hermann Frass/Franz Hieronymus Riedl: Einkehr in Südtirol, München 1973, Seite 120 f.
15. Diese Mitteilungen verdankt der Verfasser Herrn Ing. Rainer Kainrath, Eppan.
16. Karl Christoffel: Weinlesebuch, München 1964, Seite 104
17. Franz Tumler: Herkunft und Terminologie des Weinbaues im Etsch- und Eisacktale, Schlern-Schriften 1924, Seite 23
18. Anton Dörrer: Tiroler Umgangsspiele, Innsbruck 1957, Seite 157
19. Anton Dörrer: Tiroler Umgangsspiele, Innsbruck 1957, Seite 161
20. Anton Dörrer: Tiroler Umgangsspiele, Innsbruck 1957, Seite 61
21. Nikolaus Grass: Alm und Wein, Hildesheim 1990, Seite 395 f.
22. Matthias Ladurner-Parthanes: Vom Perglwerk zur Torggl, Bozen 1972, Seite 120 f.
23. Bozner Zeitung, 1. Mai 1905
24. Wimmer/Melzer: Lexikon der Namen und Heiligen, Innsbruck 1988, Seite 581
25. Lajos Ruff: Lob der Königsarznei, Wien 1968, Seite 175
26. August Kleeberg: Der Naturnser Kirchbach-Wasservertrag vom Jahre 1723, Der Schlern 1956, Seite 118
27. Richard Staffler: Die Wasserschöpfräder im »Bozner Boden«, Der Schlern 1929, Seite 215
28. Mathias Burgklechner: Tirolische Cronica III, Seite 753
29. Mathias Burgklechner: Tirolische Cronica III, Seite 753

30 Josef Mader: Der Weinbau und die Weinbereitung in Deutschsüdtirol, Bozen 1921, Seite 20
31 Josef Fontana: Neumarkt 1848–1970, Bozen 1993, Seite 32
32 Hans Grießmair: Südtiroler Weinmuseum, Kurzführer, Seite 5
33 Karl Wilhelm von Dalla Torre: Naturführer Tirol, Vorarlberg, Liechtenstein, Berlin 1913, Seite 276
34 Heinrich Lona: Eine interessante Saltnerordnung von 1665 aus Auer, Der Schlern 1980, Seite 535
35 Hermann Mang: Die Verehrung des Heiligen Kreuzes seit 1900 Jahren, Der Schlern 1958, Seite 185
36 Heinrich Lona: Eine interessante Saltnerordnung von 1665 aus Auer, Der Schlern 1980, Seite 533
37 Neue Tiroler Stimmen, Innsbruck, 7. Oktober 1897
38 Herbert Taschler: Erste Traubenernte bei Mondlicht, »Dolomiten« 9. August 2000
39 Richard Staffler in: Etschländer Weinbuch, Bozen 1930, Seite 15 f.
40 Walter Schneider: Weinverkauf des Heilig-Geist-Spitals Bozen, Der Schlern 1996, Seite 195 ff.
41 Karl Franz Zani: Weinhandel im Überetsch um 1800, Der Schlern 1986, Seite 430
42 Bozner Zeitung, 10. September 1990
43 Weinbrevier – DOC-Qualitätsweine aus Südtirol, Bozen 1999
44 Dietmar Stutzer: Weingüter bayerischer Prälatenklöster in Südtirol, Rosenheim 1980, Seite 105
45 Georg Mutschlechner: Der Schlern 1987, Seite 513
46 Georg Mutschlechner: Der Schlern 1990, Seite 59
47 Nikolaus Grass: Alm und Wein, Hildesheim 1990, Seite 409
48 Mitgeteilt von Hans Prünster, Bozen, der diese Episode beobachtet hat.
49 Nikolaus Grass: Alm und Wein, Hildesheim 1990, Seite 411
50 Nikolaus Grass: Das Widum- und Klosterstürmen, Weimar 1954, Seite 164
51 Rudolf Schultze: Geschichte des Weines und der Trinkgelage, Berlin 1867, Seite 48
52 Nikolaus Grass: Alm und Wein, Hildesheim 1990, Seite 405
53 Mitgeteilt von Luis Augschöll, Sankt Moritz/Villanders
54 Stephan Clauss: Essig, München 1996, Seite 14
55 Karl Theodor Hoeniger: Südtiroler Weinfibel, Bozen 1964, Seite 108
56 Karl Theodor Hoeniger: Südtiroler Weinfibel, Bozen 1964, Seite 130
57 Karl Theodor Hoeniger: Südtiroler Weinfibel, Bozen 1964, Seite 104 f.
58 Karl Theodor Hoeniger: Südtiroler Weinfibel, Bozen 1964, Seite 100
59 Hans Grießmair: Südtiroler Weinmuseum, Kurzführer, Seite 5
60 Anton Romen: Die Alt-Bozner Weinbuschen, Der Schlern 1946, Seite 80
61 Emile Peynaud: Die Hohe Schule der Weinkenner, Zürich 1984, Seite 219

62 Südtiroler Bauernbund: Der bäuerliche Weinkeller, Bozen 1991, Seite 52 ff.
63 Troost/Hausehofer: Sekt, Schaum- und Perlwein, Stuttgart 1980, Seite 31
64 Franz Zelger: Über Sekterzeugung, Südtiroler Bauernkalender 1982
65 Die technischen Erläuterungen zur Sektherstellung verdankt der Autor dem Präsidenten der Vereinigung Südtiroler Sektproduzenten, Herrn Josef Reiterer, Mölten.
66 Emil Pasolli: Vom Unterlandwein, Der Schlern 1930, Seite 435
67 Josef Riedmann: Geschichte des Landes Tirol, Bozen 1985, Band 1, Seite 493
68 Luis Oberrauch: Vom alten Weinrevier am Kalterer See, Der Schlern 1981, Seite 267
69 Georg Mutschlechner: Meraner Wein für die königlichen Kinder, Der Schlern 1982, Seite 462
70 Karl Meusburger: Der Schlern 1926, Seite 45
71 Bruno Mahlknecht: »Pozener Wein in Prag«, Der Schlern 1973, Seite 551
72 Hermann Frass/Franz Hieronymus Riedl: Einkehr in Südtirol, München 1973, Seite 25

Die technischen Angaben und die Beschreibung der DOC-Weine wurden der Broschüre »Weinbrevier« (Ausgabe 1999), verfaßt von Dr. Jakob Lezuo, herausgegeben vom Assessorat für Handel der Autonomen Provinz Bozen und der Südtiroler Handels-, Industrie- und Landwirtschaftskammer, entnommen.

Die im Glossar angeführten Erläuterungen sind zum Teil den Werken »Südtiroler Weinfibel« von Karl Theodor Hoeniger und »Vom Perglwerk zur Torggl« von Matthias Ladurner-Parthanes entnommen.

BILDNACHWEIS

Verlag Amonn, Bozen: Seite 49, 50, 60; Hermann Frass: Seite 12; Karl Gruber: Seite 30, 33, 35; Verlag J. Gugler: Seite 82; Largajolli: Seite 38; F. Moser's Verlag: Seite 45, 46/47; Südtiroler Weinmuseum, Kaltern: Seite 44, 62, 63, Südtiroler Weinwerbung: Weinkeller (Umschlag); Michael Trafojer: Seite 16.

Alle übrigen Aufnahmen vom Verfasser.

Die Karikaturen auf den Seiten 73, 85 und 88 stammen von Rainer Kainrath.

INHALT

Kleine Kulturgeschichte des Weines	6
Gesegnete Weine	9
Wein und Rebe im Zeichen der Kunst	13
Weinberg, Rebstock und Pergelgerüst	14
Die Arbeit im Weinberg	20
Umzüge und Bittgänge	24
Sankt Petrus hat es in der Hand	26
Wettersprüche im Jahreskreis	31
Bewässerung einst und jetzt	37
Ungeziefer und andere Plagen	39
Der Saltner	43
Die Wimmzeit	46
Im Keller reift der Wein	51
Der Handel mit dem Wein	56
Weinfuhren und Fuhrleute	61
Weinausschank in Pfarrhöfen und Klöstern	64
Vom Fälschen, Pantschen und Schönen	67
Der bäuerliche Eigenbauwein	69
Die Essigmutter	72
Alte Rebsorten	74
Tiroler Gastwirtschaft	78
Vom Umgang mit dem Wein	83
Über den wahren Genuß des Weines	86
Die Weinkost – Die Verkostung des Weines	89
Der Barrique-Ausbau	91
Das Südtiroler Weinmuseum	92
Zum guten Schluß ein Gläschen Sekt	94
Die DOC-Weine Südtirols und die klassischen Anbaugebiete	96
Glossar	158